Social Work

〈社会福祉〉
実践と研究への新たな挑戦

石川到覚 [監修]

岩崎 香・北本佳子 [編著]

新泉社

装幀　勝木雄二

〈社会福祉〉実践と研究への新たな挑戦

目　次

序　社会福祉の実践と研究の循環　　　　　　　　　　石川到覚　7

I　実践から問う

医療現場からの問いかけ　　　　　　　　　　　　　　岩本　操　14

地域生活支援からの問いかけ　　　　　　　　　　　　岩上洋一　28

施設経営からの問いかけ　　　　　　　　　　　　　　廣江　仁　37

グループホーム支援からの問いかけ　　　　　　　　　淺沼太郎　47

別れ・喪失体験を問うこと　　　　　　　　　　　　　吉野比呂子　60

地域福祉活動の歩み――浅草寺福祉会館の取り組み　　金田寿世　70

民間相談機関の記録から見えてくるもの　　　　　　　渡邊智明　77

医療社会事業の史的検証――浅草寺病院の取り組み　　鈴木裕介　87

Ⅱ　実践を研究する

ソーシャルワークのコミュニケーション研究　　　北本佳子　98

ピアサポート支援の研究　　　坂本智代枝　113

プロシューマーのポジション研究　　　相川章子　125

地域生活支援の量的な調査研究　　　石田賢哉　138

暗黙知から形式知を紡ぐ研究　　　鈴木孝典　147

「Y問題」から汲む研究　　　伊東秀幸　164

ソーシャルワーカーの権利擁護研究　　　岩崎　香　174

結び　社会福祉の実践と研究の狭間で　　　岩崎　香　185

あとがき　　　北本佳子　191

序 社会福祉の実践と研究の循環

石川 到覚

1 社会福祉の実践と研究の位置

　社会福祉研究における前提の学問とは，古来より哲学と科学の大きく2つに分けられてきた。そのうちの科学は，観察や実験を通じた帰納的ないし演繹的な方法により，誰もが認める合理的な証拠（エビデンス）を積み重ねて理論化することにあった。そして，新たな理論の生成では，多くの場合，経験科学が求める経験的事実を対象として実証的に諸法則を探究してきた。さらに，近年に概念化されてきた実践科学は，哲学と科学の諸部門を総合して現実に生かす学問であるとしている。その実践科学に位置づけられてきた社会福祉学の研究分野も多くの福祉課題に対して総合的に取り組んできた。

　ところで，わが国における近代以降の科学の分類は，周知のように自然科学と社会科学と人文科学の3つに大別され，そのなかでも社会福祉学は，社会科学のなかの社会学に包含されてきた。しかしながら多くの研究分野では，従来の3分類の枠組みを超え，学際的にクロスオーバーする研究領域へと拡大している。それと同様に社会福祉学においても，学際的

な研究視点と方法を活用し、歴史的かつ社会的に立ちあらわれる社会問題や生活課題などを研究対象にしながら、一般的な法則性を導き出そうと試みてきた。

実践科学とされる社会福祉学の定義には諸説が見られ、直近の見解では、日本学術会議社会学委員会の『社会福祉学分野の参照基準検討分科会報告書』において「社会福祉学が対象とする『社会福祉』とは、人々が抱える様々な生活問題の中で社会的支援が必要な問題を対象とし、その問題の解決に向けた社会資源（モノやサービス）の確保、具体的な改善計画や運営組織などの方策や、その意味づけを含んだ『社会福祉政策』と、問題を抱えた個人や家族への個別具体的な働きかけと、地域や社会への開発的働きかけを行う『社会福祉実践』によって構成される総体である」としている。

つまり、社会福祉研究において「政策」と「実践」で構成される「総体」をいかに関連づけながら捉えるか、それがどのように位置づけられるか、といった社会福祉学の抱えてきた課題に多くの研究者が立ちむかってきた。社会福祉研究の多くの論考は、社会福祉の政策研究よりも実践研究に重きがおかれてきた。その理由は、社会福祉実践史および研究史を振り返ってみれば、容易に検証できることであろう。そもそも社会福祉実践は、宗教を根源とする哲学的な思想に裏打ちされた慈善活動から始まり、多くの実践を積みあげてきたという史的変遷の過程において見出せるからである。それらの過程で先駆的な実践が理論化され、その成果が政策研究を進展させてきたといっても過言ではなかろう。まさに実践と政策の両輪で発展させてきたわけであり、それらの史的成果を継承すべき視点を欠かすことなく、マクロレベルにいたる政策研究をも視野に入れねばなるまい。

2　社会福祉の実践と理論の循環を求めて

社会福祉の研究においては、研究者自らの個々のオリジナリティをどこ

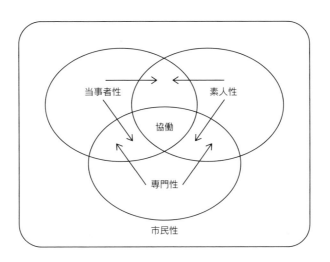

図 1　三ツ輪モデルの概念図

に求めるのか，何をもって新たな発見や理論化といえるのか，それらの研究成果は普遍性をもちえるのか，といった命題への解答を求める営みには，つねに試行錯誤がつきまとうものである。それらの研究過程では，みずからが意図する社会福祉の実践と理論の循環を想い描きながら，取り組みつづけることこそ，求められる姿勢となる。その理論化の過程においては，既存の概念を再考する，いわゆる「概念崩し」への挑戦とともに，自らの実践を通じた新たな気づきから始まるといってよい。

　ここで拙い理論化を試みた経験から解説を加えてみれば，その取り組みの契機は，わが国で最初に組織化した精神障害患者会との共同研究による学びとともに，そこでの実践による気づきから，新たなモデルづくりの構想が始まった。そして，社会福祉実践の基礎的な構造を再考してきた過程から生成されたモデル化を「社会福祉実践の協働循環モデル」[1]と命名したが，通称「三ツ輪モデル」と呼ぶ理論化への試みの提示であった（図1）。このモデルの生成を進める実践場面において，その有効性の検証を重ねていく過程から，①コンセプト（concept），②プログラム（program），

1）石川到覚，2015，「社会福祉実践の協働循環モデルを求めて」『鴨台社会福祉学論集』24.

③プロジェクト（project）という3要件を整えた「CPPモデル」も引きつづき導き出せるようになった。

　こうした2つのモデル生成の根拠づくりには，①疾病・障害当事者との共同研究によるセルフヘルプ・グループ研究，②多様なボランティアとの共同研究，③福祉専門職（主にソーシャルワーカー）のキャリア形成をふまえた養成教育研究という3つの領域の研究活動によって得られたエビデンスに導かれてモデルの生成にいたったわけである。

　ちなみに，「三ツ輪モデル」による社会福祉実践とは，福祉社会の基盤となる地域づくりを求めるためには，「市民性を土台に据え，①当事者性を発揮するセルフヘルプ・グループ・メンバー，②素人性を活かすボランティア，③専門性を有するソーシャルワーカーという3つの特性を有する人々のトライアングル間での交互作用を高める関係力により，そこでの協働の実践を循環させることである」という概念で定義した。このモデル構造の基盤には，三者が共通する「市民性」の保持を重視することであり，必要不可欠な条件としている。また，新たな地域を創出するすべての担い手が堅持すべき理念や価値の共有でもって，地域社会において多くの社会資源を生み出せるものとした。したがって，社会福祉実践における協働の循環による交互作用の関係から生み出された「関係的価値」の共有とともに，それらを基礎にした「関係力」を発揮する「市民」による協働と参画により，共に求めている実践目標が達成されるとした。

　つまり，「三ツ輪モデル」は，社会福祉実践の場から生成できたものであり，当事者やボランティアおよび同じ研究関心を寄せたソーシャルワーカーらとの共同研究から生み出された成果でもある。そもそも社会福祉研究は，つねに学際的な研究という性格をもちあわせるため，研究者一人で達成できるものではない。当事者の切なる希望や呻きを共感しつづけなければ，当事者との共同研究も成立しえない。そして，その研究領域には素人である市民との共同研究により，理論化の普遍性を担保できるともいえよう。さらには，このモデルの援用が社会福祉実践のみならず，研究や教育における実践場面にも応用が可能になるものと想定している。

3　実践と研究を振り子から循環へ

　わが国の社会福祉の学問研究においては，社会福祉学の構築過程を顧みれば，前述のように政策論と方法論の二項対立による代表的な論争を経てきた。上位概念となる社会福祉学とソーシャルワーク学を下位概念とする相関についても明確な決着がつかないまま，それらの学問的な普遍化を模索しつづけてきた歩みであったといえよう。

　かつての社会福祉研究の二項対立の過程では，理論と実践を往復させるような「振り子論」が登場していた。社会福祉研究における政策論と実践論の関係は，振り子のように基点を軸にして往復するという構図であり，そうした発想から社会福祉の実践現場においても，理論と実践の相互関係が同じ振り子の軌跡を往復するようなイメージで捉えられていた。しかしいまだ，社会福祉の理論的な立場の違いにより，その研究対象の設定や研究方法も多種多様に拡大している。そうした背景を考えれば，社会福祉研究の帰着点が異なるのは当然の帰結といえよう。

　これまでの社会福祉の学問研究においては，研究者を中心とする視点からのみの理論化が試みられてきた。しかしながら今後の研究活動は，前項で簡略に解説した「三ツ輪モデル」に内在する三者の協働の循環なくして成立しないのではなかろうか。繰り返すまでもなく，当事者研究を基礎におき，寄り添うボランティア研究と支援する専門職研究の3点セットが整ってこそ，社会福祉実践における協働の循環から，新たな理論化が可能になるものとひそかに想い描いている。

　換言すれば，社会福祉領域の研究者や実践者のみに通じる「振り子論」から，社会福祉の対象を市民が主体となるような広く捉えた多様な立場による協働の「循環論」へと展開すべき時代を迎えているともいえるだろう。そして，次世代を担う若手の実践・研究・教育者は，社会福祉の実践と研究を循環させてきた体験や経験などを通じ，新たな視座から果敢に取り組む諸活動を紡ぎ出すことに期待したい。そこでの活動における実感を

ともなうさまざまな背景にも目配りするような検討を加える試みから始めるよう望んでいる。

　つまり，次世代の実践・研究・教育者が取り組む姿勢は，これまでの社会福祉における実践から研究へ，ないし研究から実践へといった振り子のように同じ軌跡を往復するという志向性からの脱却にある。そこでの取り組みは，社会福祉研究の哲学ともいえる基本的価値を基点におきつつ，実践と研究を螺旋的に循環させながら，現在の実践と理論をさらに高めていくという構図を描いてほしいからである。まさに「振り子思考」から「循環志向」への取り組みとなる挑戦に期待したい。

I
実践から問う

医療現場からの問いかけ

岩　本　　操

1　医療現場での問い

　多くのソーシャルワーカーがそうであるように，わたしの医療現場での経験は一貫して「ソーシャルワーカーとは何か？」という問いであった。
　病院に入職して間もなく，わたしは精神科デイケア担当のソーシャルワーカーとして配置された。このデイケアは，精神科外来に通院中の方が利用する部門で，利用者（メンバー）は平日の昼間6時間程度を病院内の専用スペースで過ごし，スポーツやミーティングなどさまざまなリハビリテーションプログラムに参加するのである。デイケアのスタッフは医師，看護師，作業療法士，精神保健福祉士，臨床心理士などの多職種で構成されており，プログラムの実施とメンバーの個別相談を担当する。
　デイケアでは，毎日同じメンバーと活動をともにするので，時間をかけて関わることができ，一人ひとりの日常生活における思いやニーズを聞くことができた。そして，精神障害を抱えながらも「その人らしく」生きている姿やメンバー同士が支え合う姿にふれ，当事者の強さや成長する力を感じることができた。こうした経験は，その後の精神科領域のソーシャル

ワークを続けていくうえで実践上の基盤形成となる重要なものであった。

　一方，デイケアのスタッフになった途端，「ソーシャルワーカーは何をする人なのか」という迷いと葛藤に直面することにもなった。デイケアでは，多職種チームといっても職種間で仕事の違いはほとんどない。看護師が料理プログラムを担当することもあれば，ソーシャルワーカーが卓球プログラムを担当することもある。各職種の専門性が求められるプログラム内容ではなく，またメンバーの個別相談も職種にかかわらず担当制で対応していた。

　こうしたデイケアの業務を行うなかで「なぜソーシャルワーカーが卓球をしなければならないのか」「なぜ音楽プログラムを担当しなければならないのか」という疑問が日増しに強くなっていった。そして，「このままで自分はソーシャルワーカーといえるのだろうか」という不安と焦りをつねに抱えていた。当時のデイケアスタッフは一職種一人配置だったため，そうした不安や葛藤をソーシャルワーカーとして共有する同僚もいなくて，少なからず孤独感もあった。

　しかし，次第に職種によって「視点」が異なることを感じるようになってきた。スタッフミーティングでその日のプログラムの実施状況やメンバーの様子を話し合うが，注目する点や重視する点，支援の方向性に違いが見られるのである。そして，ソーシャルワーカーはメンバーの「力」により注目し，周囲の環境に働きかけることにより関心がむかうことをあらためて認識したのである。

　ソーシャルワークの「視点」を再発見できたことは意義あることであった。複雑かつ混沌とした状況を一定の認識枠に沿って整理することによって，専門職としての方向性がつかめるようになったのである。そして，メンバーのデイケア後を見据えたプログラムの新設やデイケア待機者への対応と受け入れシステムの整備など「やるべきこと」がたくさん見えてきた。こうした新たな仕事に着手することを通して，ソーシャルワークの視点から目の前の事象や既存の仕事を資源として活用していくのが「ソーシャルワーク業務」だという思いが少しずつ形成されていった。

デイケアスタッフを6年ほど経験した後，相談室へ異動となった。相談室は病院を利用する患者や家族のさまざまな生活問題に対応する部門であり，デイケアとくらべると非常に多様で幅広い相談支援が求められた。そして，救急病床と合併症病床を含めた精神科病床全体（129床）と外来を合わせて担当するようになって状況は一変した。精神科外来は一日300人を超える状況が日常化しており，それにともなう緊急の受診・入院の相談や関係機関との調整に追われ，しかも外部からの多様な電話相談にも対応しなければならなかった。また，急性期対応の病棟は平均在院日数が70日ほどと，当時としては群を抜く短期であり，一人のソーシャルワーカーでは入退院の対応さえ追いつかない状況であった。

　毎日が多忙をきわめていたが，当時のわたしは自分自身の頑張りでこの状況を乗り越えようと邁進していた。しかし，業務量の多さと待ったなしの緊急対応，他部署からの多様な仕事の要請などに，ただやみくもに動くばかりで，次第に実践の方向性が見えなくなり疲弊していった。

　わたしは，ソーシャルワークの業務は限定的に捉えるものではなく，間接的にでも利用者のためになりそうなことはすべて業務であると考えていた。それは今でもそう考えていることであるが，そうした思いだけでは現場でソーシャルワークを実践することは困難であることを思い知った。そして，慢性的なバーンアウト状況が続き，そこから抜け出す術も見つからないまま，大学へ転職することになった。

　この時は，教育・研究に従事する明確な意志や目的があったとはいいがたいものであった。あるベテランのソーシャルワーカーの「一度，現場から距離をおき，自分のやってきたこと，ソーシャルワーカーの担うべきことをきちんと考えてみるのもよい」という助言に，なかばすがるような思いで決めたことである。現場で経験した葛藤や困難は，その後の研究活動の原点になるが，当時は，その意味を問う余裕もなく，多くの課題を残したままでの転身であった。

2　病院の精神保健福祉士の葛藤

　大学教員になってしばらくの間は，病院とは異なる大学組織に慣れること，授業の準備や付随するさまざまな仕事を覚えるのに必死であった。また，4年後に別の大学に転職し，そこで精神保健福祉士養成課程の立ち上げや実習体制の整備などに日々追われることになった。

　この間，精神保健福祉を取り巻く環境や施策は大きく変化し，精神障害者の地域生活支援の推進と，その活動にたずさわる精神保健福祉士は増大していった。精神保健福祉関連の文献や資料には，地域のさまざまな活動が紹介されており，地域の事業所などで生き生きと働く精神保健福祉士の様子が伝えられていた。

　それらの活動に刺激を受ける一方，病院の精神保健福祉士の実践があまり伝わってこない印象を受けた。「病院」という組織環境において，そこで働く精神保健福祉士がなかなか声をあげにくい経験をしているのではないかと思えてならなかった。そして，精神科病院で精神保健福祉士が経験していることをきちんと聞き取り，その課題に取り組みたいという意志が固まってきた。そこで，まずは精神科病院の精神保健福祉士に探索的調査（インタビュー）を実施したのである[1]。

　インタビューでは「病棟の機能分化が進むなかで，ソーシャルワークも病棟単位で区切られ，じっくり関わることができない」「病院経営面のことを厳しく問われ，退院促進の一方でベッドを空けておくなと言われる」「地域での支援が広がるなか，病院の精神保健福祉士が直接支援することが少なくなり紹介が多くなった」といった語りを聞くことができた。精神医療の改革期において病床機能の分化と効率的な病院経営にさらされ，かつ地域で働く精神保健福祉士が増えるなか，病院の精神保健福祉士の役割を模索する姿が浮かびあがってきたのである。また，「どこまでが精神保

1）岩本操・松本直樹・髙井綾子，2006,「病院における精神保健福祉士の今日的課題—インタヴュー調査からの検討—」第5回精神保健福祉学会一般演題.

健福祉士の仕事なのか，それがむずかしい」と業務の混乱と役割葛藤を経験している様子が示された。

　この調査結果は，自分が医療現場で経験したこと，消化不良のまま課題として残してきたことと結びついた。そして，この曖昧かつ現実的問題に取り組むことこそ自分が研究すべきテーマだと自覚した。

　さて，自分の問題意識ははっきりしたが，それを「研究テーマ」として構成していく作業は難航した。

　わたしが注目したのは，ソーシャルワークの「典型業務」とはいえない仕事を精神保健福祉士が期待され要請される場面である。こうしたことは現場では頻繁に見られる現実的問題であるが，研究対象として取り上げられることはほとんどなかった。そのため関連する先行研究は乏しく，現象の意味を解釈する枠組みも手探りであった。

　ある時，インタビュー調査の協力者である精神保健福祉士から「病院経営者から入退院の促進を名目に地域の関連機関に挨拶まわりに行けと言われた。最初は営業活動みたいで嫌だと思ったが，実際に関連機関をまわったら地域のさまざまな声や病院への要望も聞くことができた。結果として地域のニーズ調査として捉え直し，それを病院にもち帰って対応を検討することになった」という語りを聞くことができた。

　この言葉が研究テーマを検討するうえで大きなヒントになった。この研究で目指すことは，精神保健福祉士の職務の曖昧さや多様な役割期待を受ける現状を批判することではなく，この現実問題に直面した精神保健福祉士の主体的問題解決のプロセスを明らかにすることだということがわかったのである。

　時間はさかのぼるが，わたしは医療現場で働く以前，大学でシンボリック相互作用論を非常に興味深く学んだ経験があった。ずいぶん昔のことなので，それまでほとんど思い出すことがなかったが，上記の研究テーマを確認している段階で，シンボリック相互作用論の「役割形成」概念が鮮明に浮かんできたのである。

　「役割形成」とは，他者の役割期待に対して行為者が主体的に解釈・修

正を加え，周囲との相互作用を経て役割を再構成していくプロセスを意味している。この概念がこの研究で明らかにしたいこととぴったり合った。こうして漠然とした問題意識は，「病院組織における多様で曖昧な役割期待（とくに精神保健福祉士として違和感を覚えるような仕事）に対する精神保健福祉士の『役割形成』プロセスを明らかにする」という研究テーマに定まっていった。

3 「役割形成」プロセスの理論化

研究方法と調査デザイン

　先述したように，精神保健福祉士が現場における職務内容の曖昧さや多様な役割期待に混乱し葛藤していることはよく聞かれることであったが，この現象を実証的に示す先行研究やデータは見つからなかった。誰でも知っている当たり前の現象も，研究として示すためには根拠が必要である。そこで，次のように段階的な調査を設定し，最終段階の本調査の枠組みを検討していった。
　①グループインタビューによる探索的調査[2]
　②アンケートによる実態調査[3]
　③詳細な個別インタビューによる「役割形成」プロセス調査
　予備調査として実施した①，②は，研究で焦点をあてている現象を実証的に示すと同時に，③の本調査のデザインを定めるうえでも貴重なデータとなった。
　②の調査では，所属病院から期待される「違和感のある仕事」の実施状況やその評価を把握することを目的に，全国の精神科病院のソーシャルワ

2）岩本操，2010，「精神科病院におけるソーシャルワーカーの『役割形成』の試み―グループインタビュー調査からの分析・考察―」『鴨台社会福祉学論集』19：83-90．
3）岩本操，2013，「精神保健福祉士が経験する多様な業務の実態とその評価に関する研究―精神科病院に勤務するPSWへのアンケート調査結果より―」『精神保健福祉』44（2）．

ーカーに対してアンケートを実施したが[4]，その結果は意外なものであった。調査項目であげた「違和感のある仕事」に対して「ソーシャルワーカーが行っても良いと思う」という評価が多くを占めており，否定的な評価を上まわっていたのである。ところが「ソーシャルワーカーが行うことに意味がある」という評価は著しく低く，ソーシャルワーカーとして取り組む意味はもてないが，明確に否定することもなく，現状を許容する傾向が示されたのである。

　この結果は，「違和感のある仕事」に対する精神保健福祉士の「役割形成」が，現実的には困難であることを示唆するものであった。しかし，だからこそ同様の状況下における精神保健福祉士の「役割形成」プロセスを理論化し，実践モデルを示す必要性が高いことを痛感した。この問題を放置すれば，精神科病院におけるソーシャルワーク機能が停滞するリスクは高まり，精神保健福祉士のバーンアウトにつながることが予測されたからである。

　一方，②のアンケート結果を経験年数で比較したものと，①のグループインタビュー調査の結果から，経験年数の高い精神保健福祉士は，違和感のある仕事に対して一定の評価基準をもち，そうした仕事が要請される状況に働きかける傾向がうかがえた。したがって本調査では，一定の経験年数と力量を有する精神保健福祉士に対象を限定し，その実践プロセスを理論化することが妥当だと判断した。あくまでも実践モデルを示すことを研究のゴールに設定したのは，結果を現場で活用してもらうことがこの研究の中心的課題と認識したからである。

M-GTA研究を通して学んだこと

　本調査の研究方法は「修正版グラウンデッド・セオリー・アプローチ（M-GTA）」を採用した。その理由はM-GTAが現実的な問題の改善・解決

---

[4] 本調査は全国606カ所の精神科病院のソーシャルワーカー宛てに質問票3部を送付し，ソーシャルワーカーが複数配置されている場合は，複数の回答を依頼した。回収数は268病院（回収率44.2%，回答数は655件）である。

にむけて活用される理論の生成を目指した研究法であり，本研究の目的に合致していたからである。

　M-GTA の分析手法の習得および分析過程については，M-GTA 研究会で発表して助言や意見を受けて分析に反映させるとともに，4 回の分析スーパービジョンを受けた。それ以前にも，研究法の解説書や M-GTA を用いた研究論文を読み込み研鑽に努めたが，分析手法だけは自身の研究で実際に試行錯誤する過程を経てはじめて理解できるものだと思う。

　質的研究は恣意的になりがちだと指摘されるが，恣意的な解釈を控えることは主観を排除しようとすることではない。どのような研究法を採用するにせよ，それが研究者という人間の営みである以上，主観を排除することは不可能である。重要なことは，自身の主観の軸を明確に定めることである。インタビューや参与観察等で得られたデータは多様で膨大であるが，それぞれのデータを見る距離を一定に保つことが求められる。あるデータは微視的に捉え，別のデータは巨視的に捉えるなどデータを見る視点にばらつきがあると，あらかじめデータを都合よく差別化していることになってしまう。M-GTA はそうした恣意性をチェックし調整できるように工夫されており，質的研究を目指す人にとって一度は経験するとよい研究法だと思っている。

M-GTA における調査方法と分析手順

　さて本調査では，12 人の精神科病院に勤務する精神保健福祉士に調査協力を依頼し，半構造化インタビューで得られたデータの分析を通して，精神保健福祉士の「役割形成」のプロセスを明らかにした[5]。

　M-GTA では，「分析テーマ」と「分析焦点者」を設定し，この 2 点からデータを分析して概念を生成していく。そして生成した概念間の関連からなるカテゴリーを生成し，カテゴリー相互の関係から全体像を描くとい

5）岩本操，2014，「精神科病院におけるソーシャルワーカーの『役割形成』プロセス ―「違和感のある仕事」と対峙したソーシャルワーカーの問題解決行動―」『武蔵野大学人間科学研究所年報』3：1-13.

うプロセスをふむ。なお，本研究における「分析テーマ」は「精神科病院の精神保健福祉士が組織から要請される違和感のある仕事をソーシャルワーカーとして『役割形成』していくプロセス」とし，「分析焦点者」は「精神科病院に勤務するソーシャルワーク経験（精神科病院での経験）10年以上の精神保健福祉士」として設定した。

　分析の手順を簡単に紹介する。はじめに「分析テーマ」に照らしてもっとも注目したデータの箇所を取り上げ，そのデータの意味を「分析焦点者」の視点から検討を重ねた。ここで重要な点は，研究者にとっての意味解釈ではなく，あくまでも「その立場にある人」が経験していること，意味することを読み取ることである。そして，一定の解釈が定まったところで，採用した解釈を表す「定義」と「概念名」を設定し，取り上げたデータの箇所（「具体例」）と解釈過程での気づきや疑問を記述する「理論的メモ」と合わせて一つの「分析ワークシート」に記入した。

　次に，他のデータから同様の解釈ができる箇所を「類似具体例」として分析ワークシートに書き加え，豊富な具体例が出てくればその概念の有効性が支持されたと判断した。また，生成した概念の対極を意味するデータ（「対極例」）にも注目し，概念の解釈を深めるとともに解釈の偏りを防ぐことに留意した。

　また，この作業と同時並行的に，同様のプロセスを経て新たな概念を生成し，概念ごとに分析ワークシートを作成していった。

　こうして36程度の概念が生成され，データの取りこぼしがないことを確認したうえで，概念間の関係を検討してカテゴリーを生成していった。ここでカテゴリー生成が概念の分類整理とならないよう，一つひとつの概念の「相手探し」[6]をていねいに行い，必要であれば分析ワークシートに修正を加えていった。そして，概念間の関係図の試作を重ねて結果図を作成し，どの概念およびカテゴリーを欠いても全体の動きを説明できないことを確認して，分析が収束化したと判断した[7]。最終的に採用された概念

6）木下康仁，2003，『グラウンデッド・セオリー・アプローチの実践―質的研究への誘い―』弘文堂，p.185.

は34であり，概念間の関連性を検討して5つのカテゴリーと6つのサブカテゴリーが生成された。

研究結果と考察

　以上の分析結果から得られた「精神科病院の精神保健福祉士が組織から要請される違和感のある仕事をソーシャルワーカーとして『役割形成』していくプロセス」を次に記述する。なお，M-GTAは，データ分析を通して生成された「概念」，「カテゴリー」（必要に応じて「サブカテゴリー」）から結果を記述する。文中の〔　〕は概念，〈　〉はサブカテゴリー，【　】はカテゴリーを示し，それぞれゴシック体で表記する。

〇結果のストーリーライン

> 〈要約〉
> 　精神科病院の精神保健福祉士が組織から要請される違和感のある仕事をソーシャルワーカーとして「役割形成」していくプロセスとは，利用者と組織の〔双方の利益を結びつける〕営みであり，この成否の鍵となる精神保健福祉士の行為の内的特性は【アイデンティティの止揚によるミッションの具体化】であった。

　精神保健福祉士は，病院組織から〔経営のプレッシャー〕〔責任回避のしわ寄せ〕などの違和感を覚える仕事を要請されることが少なくない。精神保健福祉士はそれらの仕事を〔異物として認識〕し，ソーシャルワークにおける〔主流からの疎外感〕を抱える一方，それらの仕事への関与を志向する〔変革者の自覚〕と〔包括的視点の自負〕が顕在化し，同一の仕事に対して異なる構えが生じる【多元的ポジショナリティの不協和】を経験

7）M-GTAでは分析の収束化の判断を「理論的飽和化」と呼ぶが，木下（2003：222）が指摘するように「理論的飽和化は理想的な形と理解する方が無理がない」わけで，分析テーマとデータの範囲の設定という方法論的限定において「結果のまとまりが論理的密度をもって成立」しているかの判断を下すことを意味している。

する。

　精神保健福祉士が【多元的ポジショナリティの不協和】の状態から脱するうえで注目すべき動きは，〔ソーシャルワーク探索〕と〔ソーシャルワークのカッコ入れ〕という〈二分するベクトル〉を同時に起動させ，【現場密着型のコア形成】と【ソーシャルワーク主義の脱皮】を相互に関連づけながら展開していた点である。

　【現場密着型のコア形成】は，違和感のある仕事を「ソーシャルワーカーだからできること」に転換しようと〔ソーシャルワーク探索〕を行う過程で浮かびあがってくる実践上の参照軸である。精神保健福祉士が今動こうとしている対象は「現前する具体的な利用者」ではないが，〔実践の資源化〕によって潜在的な利用者を想定し，〔エンドユーザーに応える〕ことを自身の行動の支柱におく。【現場密着型のコア形成】は精神保健福祉士が「ソーシャルワーカーであること」にこだわりきるなかで生みだされた必然的動機づけといえるが，一方で精神保健福祉士はそのこだわりから距離をおくように【ソーシャルワーク主義の脱皮】を図る。

　【ソーシャルワーク主義の脱皮】は，ソーシャルワークの「あるべき論」からいったん離れ，〔ソーシャルワークのカッコ入れ〕から展開する動きである。経営者や他職種は精神保健福祉士とは異なる立場から現象を捉えている。そこにソーシャルワークの視点をいくら強調しても埒が明かない現実に直面した精神保健福祉士は，まず自らを経営者の立場におき，〔組織環境を概観する〕ことで〔経営のプレッシャー〕の背景を理解する。そして病院経営が成り立たず医療サービスが機能しない事態は利用者利益を損ない，利用者ニーズに応えられなければ経営も悪化するという観点から〔経営の再規定〕を行うのである。そのうえで【現場密着型のコア形成】に立ち戻りながら，利用者と病院組織〔双方の利益を結びつける〕ことを目指して組織関係者に働きかけていく。

　しかし，精神保健福祉士の働きかけは〔医療スタッフの閉鎖性〕による〔抵抗と対峙〕し，〈行き詰り体験〉に陥ってしまう。この困難な局面を乗り越える新たな回路が【アイデンティティの止揚によるミッションの具体

化】であり，精神保健福祉士の「役割形成」プロセスに不可欠な内的特性として現れてくる。精神保健福祉士は〔双方の利益を結びつける〕ために自らが【触媒となって機能する】ことで病院関係者に変化を求めたが，変化に対する抵抗が強い状況において【現場密着型のコア形成】を基軸とした精神保健福祉士の〈能動的波及〉は停滞した。つまり，状況の改善を迫るために〈わかってもらうことを手放す〉姿勢で臨み，【ソーシャルワーク主義の脱皮】を介した〈相手志向アプローチ〉を先行させることが必要だったのである。この過程を経てようやく精神保健福祉士の〈能動的波及〉が効力を発揮し，利用者利益に適った組織の改善が図られ〔双方の利益を結びつける〕ことが促進されたのである。

以上の精神保健福祉士の動きは，自らのアイデンティティを止揚することで結果において利用者利益を具体化し，ソーシャルワークの実質を高めていたのである。

○考察

結果の考察でとくに注目したのは以下の2点である。まず，精神保健福祉士の「役割形成」プロセスには，ジャーメインらが提示した組織活動の実践モデル[8]と共通する動きが見受けられ，精神保健福祉士が高度な技能を展開していた点である。調査協力者である精神保健福祉士の実践は，とくに既存の理論を活用したわけではなく，病院内で試行錯誤を重ねて身につけてきたものである。しかし，その動きは結果的に利用者利益につながる組織改革であり，理論的に支持されたものであった。日本の精神科病院における精神保健福祉士の実践を各々の試行錯誤で終わらせず，有効な実践モデルとして提示することがソーシャルワーク実践の質の向上につながると考えている。

注目点の2つ目は，組織改革を促進させる鍵を握り，精神保健福祉士の「役割形成」に不可欠な内的特性が「アイデンティティの止揚」に見ら

---

8) Germain C.B. & Gitterman A., 1996, The Life Model of Social Work Practice: Advances in Theory & Practice 2nd edition. (＝田中禮子・小寺全世・橋本由紀子監訳，2008，『ソーシャルワーク実践と生活モデル』下，ふくろう出版）

れた点であり，これは研究結果から得られた一番のオリジナリティだと思っている。結果が示した精神保健福祉士の「役割形成」は，ソーシャルワーカーとしての自己を探求しながらも，それに固執せず柔軟に自分のポジションを移動させるものであり，参照軸としての自己を定めながら，自己の多元性を認める動きであった。精神保健福祉士は，自身の専門的枠組みを超え，認識を拡大し，まず自らに変化を課した。そうした精神保健福祉士の動きが，関係者に変化を促し，組織機能の活性化につながったわけである。

　研究結果は，これまでソーシャルワーク研究において周辺化されてきた組織活動の実践方法を体系化することの必要性と重要性を示唆し，ソーシャルワーク・アイデンティティの再考を促したと考えている。

4　実践への活用にむけて

　M-GTA はある現象に対する問題解決を志向した研究に適しており，分析結果が現場の実践者によって活用されることに意味をもつ。この点が本研究で M-GTA を採用した最大の理由であり，ソーシャルワーク実践における現実的課題の改善・解決を目指したものである。分析結果が精神科病院の精神保健福祉士によって実践場面で応用され検証されることで――つまり研究と実践とが相互作用的側面をもつことで――はじめて理論として成立し，その力を発揮するわけである。

　分析結果が示した実践モデルは，精神科病院で働く一定の経験年数を有する精神保健福祉士が組織から違和感のある仕事を要請された場面で活用することを想定している。また，比較的経験年数の浅い精神保健福祉士にとっても，同様の状況に葛藤し混乱する場面において，一定の状況認識や方向性を示すことができると考えている。さらに，多くの精神科病院は精神保健福祉士を複数配置しているので，一人の精神保健福祉士の動きとしてではなくソーシャルワーク部門として活用することで，より弾力性のある効果をもたらすと思われる。

ソーシャルワークは，既存の社会制度や他の専門職の守備範囲からこぼれ落ちてしまう事象に関心を払うといわれている。つまり，ソーシャルワークを一定の枠組みで示しても，現実は絶えずその枠組みを超え，理論化を重ねても実践をあますことなく表すことはできない。そうした特性をもつ専門職であり専門的行為なのだと思っている。

　では，実践の理論化や一定の枠組みを示すことの意味が乏しいかといえば，そんなことはないだろう。スペクトは，言葉や理論をもたなければソーシャルワーカーの実践は無意味なものと見なされてしまうと述べている[9]。包括的で流動的な特性をもつソーシャルワークは簡単に概念化できない側面が多くあるからこそ，いまだ言葉になっていないものを言葉にしていく必要性が増すのだと思う。

　ソーシャルワークは実践の学である。今後も「現場からの発想」を研究の原点におき，現場で実際にソーシャルワーカーが直面していること，行っていること——これらの事実を忠実に捉え，既存の理論や定説にあてはまらない事象を周辺化することなく，ていねいにそれらを読み取り言葉にしていきたい。

〈参考文献〉

Germain C. B. & Gitterman A., 2008,『ソーシャルワーク実践と生活モデル（下）』田中禮子・小寺全世・橋本由紀子監訳，ふくろう出版.

ハリー・スペクト，1991,『福祉実践の新方向—人間関係と相互作用の実践理論—』京極髙宣・髙木邦明監訳，中央法規.

木下康仁，2003,『グラウンデッド・セオリー・アプローチの実践—質的研究への誘い』弘文堂.

9）Specht H., 1988, New Direction for Social Work Practice.（＝京極髙宣・髙木邦明監訳，1991,『福祉実践の新方向—人間関係と相互作用の実践理論—』中央法規, p.135）

地域生活支援からの問いかけ

岩上 洋一

1 コミュニティ創出モデル

　わたしは大学卒業後，1990年に埼玉県に入職し，保健所などで勤務したが，2002年に大学院の博士前期課程を修了するとともに，「地域のソーシャルワーカーになる」と宣言して埼玉県を退職し，現在まで民間の社会福祉事業にたずさわっている。
　大学院在籍中は，精神障害者が地域で，その人らしく，自分らしく生活するために実践されるべき「精神障害者の地域生活支援」を研究の主題として，問題そのものが新たな生活支援を創出する機会として捉える視点によって，以下の研究仮説を検証している。
　①生活支援サービスは，施設，マンパワーとも不足しているが，当事者のエンパワメント（人が本来もっている生きる力を湧きあがらせること）と市民との協働によって既存の社会資源を再開発し，そのうえで新たな資源化を目指す実践こそ生活支援活動の基礎となる。
　②精神障害者の生活支援活動の過程とは，失われた地域関係のつながりあいを再生し，新たなコミュニティづくりの取り組みを創出することにな

る。

　この研究では，第1に地域生活支援の基本的な概念を検討し，施策の変遷との関連性を整理し，第2にわが国の当時の精神障害者地域生活支援センターの全国状況調査および聞き取り調査をもとに，精神障害者の地域生活支援の現状と課題を明らかし，第3に在職した保健所の精神障害者地域生活支援を実証的に検証し，第4に精神障害者の地域生活支援についての提言を行った。

　精神障害者の地域生活支援は，地域社会のなかで精神障害者，専門職，市民が協働することで，精神障害者が主体的に「いのち」「くらし」「いきざま」に取り組んでいく過程であって，ここでの協働は地域特性をふまえ，失われた地域関係のつながりあいを再生し，新たなコミュニティを創出する過程である。そのためには，専門職が主導して精神障害者を援助していくという従来の視点から，精神障害者が主体的に地域生活をおくることができるように専門職が支援していくという視点への転換が必要である。そうすることによって精神障害者は，「所属感」や「役割意識」を得て，「安心」と「自信」と「自由」を育み，主体的に「いのち」「くらし」「いきざま」に取り組むことになる。そして，専門職と精神障害者の対等な相互支援と，精神障害者との協働のなかで自らのいきざまを見つめた市民によって，失われた地域関係のつながりあいを再生し，新たなコミュニティが創出しはじめることになるという結論に達した。

　この結論から，精神障害者の地域生活支援の新たな枠組みを提言した（図1）。新たな枠組みでは，基本コンセプトを「誰にとっても暮らしやすいまちづくり」として，この実現のために障害者，高齢者，児童，女性，ホームレス，民族的マイノリティなど相対的にパワーを奪われ，社会的支援を必要とする人への生活支援プロジェクトを設ける。「精神障害者の地域生活支援」プロジェクトには，精神障害者エンパワメントプログラム，家族支援プログラム，ボランティア活動プログラム，地域交流プログラムのほか，専門職の専門性向上のためのプログラムなどをニーズに合わせて開発する。ここでの協働によって，主体的に「生活」する力を育み，精神

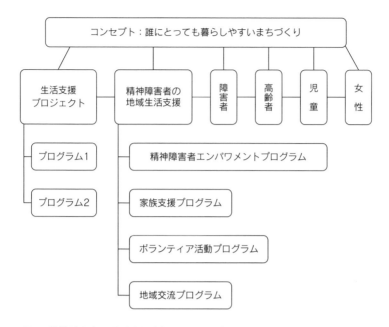

図1　精神障害者の地域生活支援についての提言

障害者の地域生活支援や地域の再生，コミュニティの創出，暮らしやすいまちづくりにむけた活動が行われることになる。

　この枠組みは，循環モデルとして有機的に昇華させていくのであって，「精神障害者の地域生活支援」プロジェクトは，コミュニティ創出モデルとなる。ここに独自性があり，このことを実証していくことが今後の課題としてまとめた。

2　NPO法人「じりつ」の活動

　その後わたしは，民間の社会福祉事業にたずさわることになるが，わたしが代表をつとめる「特定非営利活動法人じりつ」での実践をいくつか紹介しよう。

　「じりつ」は，障害者が地域のなかで，安心して，自信をもって，自由に生きていくための支援を行うとともに，障害があるなしにかかわらず互

いを大切にして，共に生き，共に成長して，そこで得た新しい自分の力を発揮して，みんなが主役となる地域社会を創造することを目的として設立した。埼玉県東部（宮代町・杉戸町）を活動の拠点として，主に埼葛北地区4市2町（久喜市・蓮田市・幸手市・白岡市・宮代町・杉戸町，人口約40万人）を活動圏域としている。現在の「じりつ」の活動内容は多岐にわたるが，障害者の相談支援，生活の支援，活動の支援，就労の支援，居住の支援を行っている。

　「じりつ」は，活動の基本方針として，第1に利用者にとって安心できる生活の拠点となること，第2に価値ある自分を再認識して自分らしい新たな生き方を選択することを支援すること，第3に市民との交流を大切にすることを掲げている。具体的には，①生活（いのち・くらし・いきざま）に即して支援すること，②自分らしく生きること（安心・自信・自由・勇気）を容易にすること，③地域社会に「参加」し，そこで「活動」するという「暮らしの営み」を容易にすること，④暮らしやすいコミュニティをつくることとしている。

「じりつ」の活動は，「地域貢献活動」

　12年前の「じりつ」の利用者は，社会の偏見におびえていた。そうしたなかで，利用者のA氏から「いつも援助を受けているだけではなく，自分も社会に貢献したい，駅前メインストリートの清掃をしてみたい」とう申し出があった。A氏は活動を開始し，「道行く人にほめられた。ほめられるのは久しぶりでうれしかった」と言って，この活動を一人で1年半続けたのである。

　当時，一緒に活動する人は現れなかったが，同時期，利用者のB氏が次のような提案をした。「市民には，精神障害についての正しい知識を得る機会がなくて，知らないことによる『誤解』や『偏見』が生まれたと思う。同じように，わたしたち障害者も『どうせわかってくれない』と決めつけているのではないか。人と人との間にできてしまった大きな『障壁』を突き崩すには，そのことに気が付いたわたしたちが心を開くことから始

めればいいのではないか」と。こうして障害者による地域貢献活動が始まったのである。

　町民まつりでは，実行委員会に加わり，交通誘導を担当する。バイオマス事業でバイオディーゼル燃料をつくることになった時には，ちり紙交換のようにハンドマイクをもっててんぷら油を定期的に回収する。高校総体では高校生のボランティアと一緒に，弁当の配布や場内清掃を担当する。まちづくりの視点で考えると，障害者が活躍する場，主役となる場は数多く残されているのである。こうして現在では地域貢献が当たり前の活動となっている。A氏が一人で始めた駅前メインストリートの清掃活動にも参加者が増え，現在，3コースに分かれて実施している。

「じりつ」の活動は，「働きたい思いをかなえる就労支援」
　また「じりつ」は，2006年の障害者自立支援法の施行以前から一般就労に力を入れている。当時は，授産活動を行わず一般就労への準備に特化した小規模作業所を開設していた。
　そこでは3つのことを試みている。第1に大きな目標は就労ではなく豊かに生きることであり，豊かに生きる手立ての一つとして働くことを目指すこと。第2に実習も含めて就労体験を数多く積むこと。体験こそが自らの可能性を信じる力になる。第3に利用者中心で社会にアクションを起こすこと。社会のなかの自らの存在を認識することになる。
　具体的には，ワークアクショングループをつくり，仕事をしたいと思う障害者と職員が協働で，雇用してくれる企業を探すという仕事おこしの取り組みをした。「わたしたちは働きたい」というチラシを作成して配布した。商工会では「働きたいと言われても，みなさんがどんな障害かわからない」と言われたが，互いの総意として「何か一緒に活動することから始めてみよう」ということになり，商工会主催の産業祭で，子どもたちが楽しめる縁日の出店を商工会青年部と担当した。それが好評で，会社の社長が地域貢献のために行っている道路の清掃活動（ロードサポート）のお手伝いなどにも参加するようになった。

こうして不動産屋の広告チラシの印刷，アパート清掃，レストランの厨房補助，役場内の簡易業務，コミュニティセンターの受付などと実習先が広がっていった。そして実習先で自信をつけることで，障害者の一般就労は広がった。こうしてリカバリー（障害を受容して新しい生き方を見つけて自信をもって生きていくプロセス）を重視した支援プログラムを確立した就労移行支援事業所は，就職率81％　継続率（半年以上）92％となっている。
　一方，「じりつ」が受託している杉戸町の就労支援センターでは，就労支援ネットワークを強化することで，人口45,000人の町で，登録者140人中91人が仕事をしている。ここの特徴は，「働くための訓練はしない」ことで，現場で働いてそこでの定着を目指す就労支援を確立したことにある。

「じりつ」の活動は，「福祉教育」

　「じりつ」では，障害があるなしにかかわらず，互いを大切にする心を育てたいと考えている。実際には，2005年から毎年，冬至の日に「キャンドルナイト」というイベントを行っている。毎秋，町内の8つの小・中学校で朝礼時に障害者が「キャンドルナイト」への参加を呼びかける。小・中学生に「友だち，家族，大切な人への感謝のメッセージ」を紙コップに書いてもらう。キャンドルナイト当日，3,000の紙コップにキャンドルを入れると，「お母さんいつもありがとう」「おばあちゃん長生きしてね」「ずっと友だちでいようね」「部活のみんなへ　一緒に頑張ろう」などなど，小・中学生の書いた紙コップのメッセージや絵が浮かび上がる。
　また，ここ数年は，社会福祉協議会の依頼で小・中学校で福祉教育を行っている。従来の福祉教育は体験学習と交流学習が中心で，精神障害や精神障害者を理解することに限定されがちであった。そうではなく，福祉教育の基盤となる「互いを大切にする心を育てること」「人を大切にすることから，障害者への理解も深める」ことを目標としてプログラムを開発した。地域福祉は，福祉教育に始まり福祉教育に終わるといわれているが，

地域組織化，ソーシャルインクルージョン（社会的に弱い立場にある人を社会の一員として包み支え合う）を推進するためには，基盤としての福祉教育が重要である。

「じりつ」の活動は，「本人中心の個別支援」「地域移行支援は国民の課題」

一方，個別支援の面では，ストレングスケアマネジメントの3要素である「熱望（aspiration）」「能力（competency）」「自信（confidence）」に焦点をあてて，対話と関わりを通してニーズを絞り込み，本人中心の支援をしている。

わが国の精神保健福祉施策の史的な展開過程を整理し，いわゆる社会的入院者への支援とその責任を精神科医療機関だけに押しつけるのではなく，「地域移行支援は国民の課題」として取り組み，その結果60人を超える人が退院している。地域の自立支援体制をつくる協議会を活用して，個別の課題を事業化することを試み，具体的には「退院意欲がない」という人のための退院準備プログラムとして「暮らし安心プログラム」や，「外泊してみたい」という人のための「宿泊体験」などを実施してきた。宿泊体験は後に国の事業となっている。

家族支援としては「地域移行を目指した家族教室」の実施，新たな社会的入院をつくらないためには「ひきこもりがちな人への訪問活動」を行ってきた。

「じりつ」の活動は，「ピアサポート活動」

障害者自立支援法が2005年10月に成立したことで，精神障害者地域生活支援センターが2006年9月で廃止されることになった。国の移行案では，市町村の地域生活支援事業として，相談支援事業と地域活動支援センターの事業に移行することが示されていた。「じりつ」は，これを受けて早急に市町村の委託による相談支援事業の強化とピアサポート中心の地域活動支援センターのあり方を提示する必要があると考えた。

そこで，2006年2，3月に利用者5人を短期パート職員として採用し

た．業務はピアサポートの先駆的活動の調査研究および報告である．この調査を受けて半年後，「今後の地域活動支援センターの方向性」が利用者によって示された．2007年からは，本格的な障害者の雇用を開始し，2011年には「当事者によるピアサポートプランの作成（自らの目標を達成するための生活プランを当事者同士で協力してつくること）」にむけた学習会が始まり，2013年には，当事者スタッフが地域活動支援センターの施設長となった．ゆるやかだが着実に「ピアサポートセンター構想」の実現へとむかっている．

「じりつ」の活動は，「コミュニティ創出モデル」

　発足時に「じりつ」の職員は9人であったが，10年経って25人となった．そして，職員が横断的に参加する2つのプロジェクト「新たな地域活動を生み出す」と「障害者の働く場をつくる」を組織した．2014年1月には，2年間の調査研究活動と準備期間を経て，2つのプロジェクトを統合する形で，新たな障害福祉サービス事業所が誕生した．

　地域のニーズを把握するなかで，高齢者や単身者，子育て中の主婦たちが集まることができる場所が少ないことに着目し，人々が気軽に集まることができる「Eco-cafe MINT」を開業し，そこがまた障害者の活躍する場，働く場となった．このカフェを交流，発信の基地として，利用者と地域の人々が必然的に互いを必要とする関係性をつくり，地域とともにエコロジカルに生活していくことを目指している．「じりつ」の活動を通して，エンパワーしてきた障害者が市民とともに「コミュニティをエンパワーしていく」のである．

3　実践，研究，そして政策へ

　こうした「じりつ」の実践は，社会福祉学のケアマネジメント，グループワーク，コミュニティーワークを利用したものであり，どこでも行われていることといえる．しかし，第1節で述べた研究で提言した「精神障

害者の地域生活支援を通して，障害者が主体的に『生活』する力を育み，コミュニティが創出されることになる」という指摘が，「じりつ」の職員に受け継がれて，実践されてきたこともまた事実である。

　石川到覚は，社会福祉分野においてもグローバルな条約批准や法改正の動向とともに，今後も時代に即した柔軟なローカル活動が求められており，グローカルな視点に立って，精神障害者にとどまらず，社会的支援が必要なさまざまな人々の地域生活支援を推進するネットワーキングと地域づくりの拠点として動き出さねばならないと論じている[1]。

　わたしは，ここ数年，厚生労働省の障害者の地域生活の推進に関する検討会委員，長期入院精神障害者の地域移行にむけた具体的方策に関わる検討会委員として，政策の変遷と関わりをもってきた。実践と研究は循環しているからこそ，良質なモデルはそのエビデンス（科学的な根拠）をもとに政策反映させていかなければならない。これがわたしの次なる課題である。

〈参考文献〉
野中猛, 2012,『心の病　回復への道』岩波書店.
石川到覚編, 2001,『精神保健福祉ボランティア―精神保健と福祉の新たな波―』中央法規.
チャールズ・A・ラップ，リチャード・J・ゴスチャ, 2014,『ストレングスモデル―リカバリー志向の精神保健福祉サービス―（第3版）』田中英樹監訳, 金剛出版.

1）岩上洋一・石川到覚, 2011,「相談支援事業所と地域活動支援センターの役割」『臨床精神医学』40（5）：593-600.

施設経営からの問いかけ

廣江　仁

1　変わりゆく施設

小規模作業所の施設長に

　1989年に精神科病院の相談室に就職したところから，わたしの精神保健福祉実践が始まる。初発の統合失調症で急性期病棟に入院してくる方，当時のわたしの年齢よりも長期にわたって入院している方，病気と思っていない方，退院をあきらめた方，病院で亡くなっていく方，自死される方，妄想で苦しんでいる方，あきらめない方……，8年間で多くの方々に接した。

　病院内に広がる現状を良しとする空気のなかでも，社会のなかで当たり前の一人の人間として，「働きたい」という多くの思いにふれた。しかし，一般就労を希望する方のニーズに応えきれない病院ソーシャルワーカーである自分，精神障害者が一般就労するための支援ツールがほとんどない地域資源の現状に，退職して小規模作業所へ転職する選択にそう迷いはなかった。

　以前から運営委員として関わってきた東京都武蔵野市の精神障害者小規

模作業所「ワークショップMEW」が2カ所目の小規模作業所を開設するということで，病院を退職し，その作業所に転職し，一般就労を支援することを目指したのである。当時職員は自分一人。10人を超える利用者（メンバー）とともにクラブハウスモデル（精神障害当事者と職員が対等な関係で，協働して施設運営に取り組むことなどが特徴）による実践を行った。

　そこから障害者施設経営に本格的にたずさわることになる。NPO法人化，グループホーム設立，生活支援センター（のちに相談支援事業所＋地域活動支援センター）設立，市からのメンタルヘルス事業の委託，精神保健福祉ボランティア育成事業，精神障害者ホームヘルパー養成研修，東京精神保健福祉士協会事務局委託，市障害者就労支援センターへの人員派遣など，施設経営を支える法人の足元を固めるための事業立ち上げに尽力した。

　転職して10年経ったころに，障害者自立支援法制定の動きが論議されるようになった。ほぼ無料だった障害者福祉事業が障害福祉サービスと名を変え，原則応益負担となり，サービスを多く使う障害の重い人ほど負担が増える制度設計となっているなど，問題が多く指摘された。新法への反対デモに作業所メンバーと一緒に参加したこともあった。

自由な施設運営とユニークな実践

　障害者自立支援法以前の施設経営は，基本的に行政からの補助金をおもな原資とした経営であり，補助的に運営団体が行うバザーや寄付などの収入を繰り入れ，運営資金としていた。行政の認可を受ければ，毎年一定の補助金が約束され，その範囲内で施設経営を行うことができた。しかし，補助金であるため使い切りが原則で余剰金は留保できない。ほかの障害にくらべ施策自体が遅れていた精神障害者福祉施設は，補助金の額でもほかの障害者施設よりかなり少なかった。さらに，自治体によって補助金の金額に大きな地域格差が存在した。また数がもっとも多かった法定外施設である小規模作業所は，補助金額に法定施設と10倍以上の差があり，補助金そのものを予算化しない自治体もあった。

内部留保ができない補助金での運営においては，新たな事業展開に必要な資金を寄付か融資などに頼るしかない。新たな事業を開始するために資金集めをしなければならないのである。そのようなノウハウをもつ法人でなければ事業展開がむずかしかった。ただし，補助金は確実に年間の決まった金額が約束されるので，施設運営にあたって努力しなくてもよい収入として計算することができた。それによって，利用者の利益を考えた事業経営をしてもしなくても収入は同じであるから競争原理が働かないということで，障害者福祉施設運営への風当たりが強くなり，障害者自立支援法制定に至る要因の一つとされた。

　しかし，当時の施設運営が弊害ばかりだったわけではない。そのころまでは，施設を運営することにそう困難さがなかったこともあり，職員が志向する実践を自由に行うことができた。比較的補助金が多かった東京都では，200を超える小規模作業所が設立され，多くのオリジナリティある実践が行われた。当時は，かなり自由に施設運営の舵取りができた時代であり，面白い実践が個性豊かな施設職員たちによって行われていたのである。

施設運営から施設経営へ

　ところが，障害者自立支援法の成立によって報酬単価による収入方式となり，状況は一変した。障害福祉サービスを提供する対価として，行った行為に対する単価が設定された。自由裁量による「施設運営」から，サービス提供による「施設経営」へと施設長の役割は変化していったのである。

　障害者自立支援法は現在，障害者総合支援法と名称を変えて，各種のマイナーチェンジが行われているものの，その基本的な体系は当初のままである。3障害一律の制度としたこと，全国で同じサービスを受けることができ，報酬単価も地域格差を最小限にしたことなど画期的な仕組みであったが，各施設（事業）で実施する支援はサービスと位置づけられ，そのサービスごとに報酬単価が決められた。

これによって，施設を安定的に維持していくためには，「施設経営」を考えなければならなくなった。決まった金額が黙っていても振り込まれる補助金と違い，毎月行ったサービスを集計し，国民健康保険団体連合会に送信する作業が必要となる。毎月行ったサービスに応じて報酬が支払われるため，毎日何人の利用があったか，どのような加算を請求できるかに神経をとがらせなければならない。

　「施設経営」を安定させるには，安定的に収入が入ってこなければならない。仕組みとしては病院の診療報酬と同じである。利用する人が減少すると，それは即収支バランスを崩し，経費超過に陥りかねない。採算ラインを超える収入を得るため，利用率をつねに満たしつづけることが施設長の使命となったのである。

　たとえば通所施設の場合，毎日休まず利用しつづけてくれる人で定員を満たしていれば，よほど経費が高くなければ「施設経営」は安定する。「知的障害者は休まないので定員と同数の利用者がいれば経営が成り立つが，精神障害者は毎日利用できないことが多いのであまり受け入れたくない」などという施設もある。実際，精神障害者を多く受け入れる施設はほとんどが定員を上まわって契約をしている。わたしの施設でも，31人の定員に対し，契約している人の数は約50人である。それでも定員を超える利用者が来所するのはまれである。当然，それだけ多くの人数の支援を行わなければならないし，事務作業も人数分必要であり，職員の負担も大きい。さらに，休んでいても電話相談などが頻回にある人も少なくないため，精神障害者中心に支援を行う施設では総じて職員の業務量が多くなっていることが想定される。

　また一般就労にむけた支援については，「福祉から雇用へ」という掛け声のもと，国が主導して，施設利用にとどまっていた障害者を企業などに雇用される道筋を整備してきた。実際にそれは従前よりある程度進んだといえる。しかし，一方で2013年度に行われた厚生労働省の調査によると，就労移行支援事業（職員配置基準を多く設定し，一般就労に特化して支援を行う。報酬単価が高い）を行う事業所でありながら，年間一人も一般就

労する人がいない事業所が相当数存在する。またもっとも多い就労継続支援B型事業所の利用者はどうかというと，施設の収入源である利用者が出ていかないよう，一般就労への支援に消極的になっているのではないだろうか。実際，就労継続支援B型事業利用者が一般就労した際に，施設側に翌年度つけられる就労移行支援体制加算は非常に低い額であり，一般就労しないで残ってもらったほうが施設の収入は大きい。このように施策の目標と実態がかみ合っていない面がある。

　ここで懸念されるのは，ただでさえ多い業務量のなかで，どの業務を優先するのかということである。利用者中心に支援を組み立てていると，どうしても収入につながらない業務が多くなる。そこに福祉施設の経営のむずかしさがある。専門職配置加算など専門性への評価が低いため，専門職を配置していない施設も少なくない。一方で，施策としては，企業の参入などによって競争原理を働かせることでサービスの向上効果を狙ったのかもしれないが，介護保険のようにはいかないのが実情である。そもそも障害者福祉サービスの向上とは何をもって向上と考えるかも意見が分かれるところである。そのようななか，収入を確保しつつ，いかに質の高い支援を行うかという視点をもって取り組めるかが施設長に問われているのである。

2　施設経営の今

　わたしが実際に障害者自立支援法制定後の新たな枠組みのなかで業務を行ったのは，小規模作業所に12年勤務した後，実家のある鳥取に戻ってからであった。2009年3月，「社会福祉法人養和会」が初めて取り組む就労継続支援A型事業（労働法規の適用を受け，雇用契約と施設利用契約の双方を交わして働く場）の立ち上げ1カ月半前に入職し，施設長（管理者兼サービス管理責任者）として「障害福祉サービス事業所F＆Y境港」を開設したのである。何もかも一からのスタートであった。

　その後は地域ニーズに応えるため，就労継続支援B型事業（ゆるやかに

自分のペースで働く場），自立訓練（生活訓練）事業（ひきこもり防止，一歩社会に出ることを目的），指定特定相談支援事業（サービス利用計画を立案）と事業を増やし，定員も20人から31人に増やした。また法外事業として，市から精神保健福祉士による訪問事業を受託，小学生にメンタルヘルス教育を進める「いのちとこころを育むプロジェクト」を保健師，教育委員会などと推進している。

　運営する社会福祉法人では，就労系多機能型事業所3カ所（就労継続支援A型・B型，就労移行支援，自立訓練（生活訓練）），相談支援事業，障害者グループホーム4カ所，障害者ホームヘルプ事業，宿泊型生活訓練事業，認知症グループホーム2カ所，地域活動支援センターを展開しており，職員は100名近くになる。2013年からは，この法人全体の統括業務を行う事務部長を兼任している。

　施設長としての業務は，すべての利用者のサービスが一定の水準で提供されているかを管理すること（サービス管理），そのうえで職員の行う支援内容を評価し，指導教育も行う。職員の葛藤にも耳を傾け，アドバイスもする。施設経営上の収支バランスを崩さないよう目を光らせることや職員の健康状態に目を配ること，請求事務，各種法令順守などなどやることは多い。一方，法人運営の立場では，法人全体のコンプライアンス向上と事業計画作成，予算決算，月次会計状況の把握，監査対応，職員人事，新規事業の推進などがある。

　新たな法体系になったことで，身体・知的・精神の3障害が同じ制度で運用されるようになったことや施設開設が加速度的に増えたことで，利用者にとって選択肢が増えるなどメリットは大きい。しかし，福祉実践としての質的な向上が必ずしも経営的な安定をもたらすものではなく，逆に職員にとって業務量を増やすことにつながっていることには大きな懸念を感じる。どのようなコンセンサスのもとに職員が実践を行っていくのか，支援の質をどう担保し，さらに向上させていくのかを考えることが，施設長や配置された福祉専門職（精神保健福祉士）の役割といってもよいだろう。

また施設経営の立場からすると，病院が法改正でさまざまな委員会や会議などを行わなければならなくなったのと同様に，今や社会福祉法人でも，障害者総合支援法はもちろん，消防法，障害者虐待防止法，公益通報者保護法などの法律にもとづいて法人内の規程整備や苦情解決制度の整備なども行わなければならず，必然的に法人内に委員会も増え，研修や会議も多くなっている。法人内の施設同士が距離的に離れていることもあり，コンセンサスを保つことは困難をともなう。さらに職員人事については，教育的な側面と人件費を左右する異動には神経を使う。

　外部では，障害者自立支援協議会に参加し，市の障害福祉計画策定にもたずさわる一方，地域との関わりも福祉業界だけとはいかない。市の社会教育委員を仰せつかって会議に参加したり，就労継続支援Ｂ型事業で行っている綿の栽培の関係で生産者・製造者の協議会に参加したり，Ｆ＆Ｙ境港で秋に行う収穫祭のPRのため，ラジオ番組や地元ケーブルテレビに出演したり，賞与支払い時に法人が借入金でお世話になる銀行との付き合いも欠かせない。

　このように福祉制度改革と法制度整備によって，従来では考えられないほど社会福祉法人や福祉施設で行わなければならない業務が増えている。また規制緩和の一環で，障害者福祉事業への企業参入を可能としたことで，福祉業界では考えられないアイディアやスケールの大きな取り組みが行われていることは，大いに刺激的でもあり，また「福祉とは何か」を今一度再考する必要を感じさせられることでもある。

3　精神保健福祉研究への要望

現場の実際にふれてほしい

　以上のように，制度の大転換によって施設運営は意識改革を迫られることとなった。しかし，それをうまく乗りこえて経営を安定させた施設もあるし，現行制度になってから新たに施設を立ち上げる事例も増えている。それらの施設はどのような工夫で経営上の課題を乗り越えているのだろう

か。各地域で独自の制度や取り組みがあるかもしれないし，施設独自の努力があるかもしれない。

　それらを明らかにするために，社会福祉研究は，どれだけ現場の実際にふれるかが問われていると思う。地域とうまく融合し，地域に必要な存在となっている施設の経てきた努力，社会とうまく折り合えない精神障害者の声，利用者の自死に耐えきれず打ちひしがれる職員，いまだに起こる住民からの反対運動に悩む施設，その地域独特の葛藤など，現実に秘められた困難さや声にならない悲鳴を拾いあげることができるか，つまり現場にどれだけ近いところで研究の種を見つけられるかが大切になってくるのではないだろうか。

　施設のある地域においてどんな問題があるのか，そしてその解決法を検討することは，ソーシャルワーカーであれば当然行っていることであるが，よい解決法が見つからず取り組めていないことも多々ある。そんな時はたいてい問題点に対するアセスメントがうまくできていないか，解決法を考えるのに必要なデータや情報がそろっていないことが多い。

　たとえば，就労継続支援B型事業所で，工賃をもっと上げていきたいがなかなかうまくいかない場合，現在行っている作業がその地域にとってどれだけのニーズがあるものなのかわからずに，ただ「以前からやっているから」「職員がやりたい仕事だから」などの理由でやっていないだろうか。また農業に取り組んでいる事業所で，慣行農法で作った野菜を市場に持っていくだけでは低額でしか買ってもらえないのは当然で，どんな野菜がどのくらいの値段で買ってもらえるのかを調査し，どんな差別化を図ればよいかを考えれば売れ方も変わってくるだろう。それらは全国共通の解決法があるわけではなく，その地域のことをアセスメントし，データをそろえなければうまくいかない。そのほかの福祉実践も同様に，どれだけその地域を知るかによって活動の内容は変わってくる。

　それは，もちろん現場の人でなければできない作業もあるだろうが，外部の研究者が入ることによってさらに大きな成果をあげることができるかもしれない。

わたしがこれからの社会福祉の実践研究に期待しているのは，もっと身近なものになることである。研究という言葉のもつ威厳を取り除き，現場においてもっと身近なものとして取り組めるものであってほしい。それには，現場で実践する人が研究に親しむ機会を増やさなければならないし，研究者にはいろいろな現場にもっと足を運んでほしい。一方で，法制度や改革の大きな変化の波は現場で汗をかいている職員には客観的な全体像がわかりにくいので，それをきちんと伝える役目も果たしてほしい。それによって互いに知識と経験を向上させ，研究をさらに深化させることができるのではないだろうか。

制度と施設へのまなざしを
　施設経営という観点からは，上述したように制度の問題が大きな課題となり，障害者福祉の質の向上を妨げる要因にもなっている現状がある。これは身近な問題に直結することであるが，問題の全体像は法制度にあるので，そのことをきちんとしたデータで示せるような研究をデザインすることが求められる。これは，ぜひとも研究者にも取り組んでいただきたいテーマである。たんなる制度政策論ではなく，経営とともに質の向上を担保するためには，現場に起きていることをていねいに見ていくことが必要である。
　また現在，高齢精神障害者の長期入院に関わる問題や就労継続支援利用者の高齢化など，高齢化による問題が起きている。一方，少子化の問題も当然起きてくる。おもに思春期・青年期に発病する統合失調症による入院が激減するなか，少子化によってさらに精神科病床の減少も加速していくだろう。障害者雇用率の向上や雇用推進などの政策によって，精神障害者の多くが障害福祉サービスを長期間にわたって利用せず，一般就労を継続していくことのできる時代もそう遠くないかもしれない。施設の数は今後どの程度必要なのか，現状の通所施設の体系はこのままでよいのかなど，マクロ研究が必要なことも気になっている。それによって，今後の施設経営の長期計画に大きな影響があるからである。

わたしは，目の前の利用者の10年先を考えることを心がけているが，それと同じように施設経営，法人経営も10年先を考えなければならない。そのためにも必要な研究を行わなければならないし，研究者とコラボレーションして研究することも考えなければならない。それは，その施設のこと，運営する法人のこと，その地域のこと，そして全国的なことと重層的に行う必要もあろう。

〈参考文献〉
精神保健福祉白書編集委員会編，2013，『精神保健福祉白書2014年版―歩み始めた地域総合支援―』中央法規.
廣江仁，2014,「境港地域における就労支援ネットワーク」『精神障害とリハビリテーション』18（2）：131-136.
内藤晃，2013，『施設長の羅針盤（コンパス）―「顧客満足」を実現する福祉経営のアイデア―』中央法規.

グループホーム支援からの問いかけ

淺沼 太郎

1　当事者と出会って

実践課題への注目

　わたしが初めて社会福祉実践の課題にふれたのは，卒業論文作成の時だった。

　卒論テーマは「重度・重複障害のある人の地域生活支援」で，当時（1990年代），学生アルバイトでお世話になっていたグループホームの実践をもとに執筆した。わたしはグループホームで生活している人たちと一緒にいる時間が好きだった。とても魅力的な人たちなのだ。職員，学生アルバイト，ボランティアたちもみんな，惹かれているようだった。その人たちの人間性が周囲の人に力を与えていたと思う。

　わたしは何もわからないままに，惹きつけられる場にいた。対人支援の現場で教わった実践課題は，相手への関心からスタートしていたのだと今は思う。

　目の前の「その人の生活」から，自分が学べることを感じた。しかし，実践課題を目の前にしながら近づけない。卒論では「地域生活を支える支

援者は，当事者とのパートナーシップによって，本人の望む自己実現の選択肢を地域のなかにノーマルな方法で展開する必要性」について書いたが，実践課題を深められたわけではなく，上澄みをすくったような感覚になる。具体的な形にできないもどかしさが，自分で考えるためのことばが足りないためだと気づいたのは大学院に進学してからだった。ことばで書き出そうとする時に「視点」が必要であった。当事者の生活，実践課題にふれて魅力を感じたが，そこで手にしたものを研究課題としてどう深めるのか，が問題だったのだ。

「わかりづらさ」の共有

　進学した大正大学大学院は開設されて間もなく，夜間開講の授業には実践経験豊富な院生が多く集っていた。いつも活発な議論が飛び交い，授業でも現場の実践課題を学べる環境だった。

　ただ，現場の話題には興味を惹かれたが，それを研究課題として論じる時に，まず何が必要なのか。院生によるグループ研究「実践事例を分析する研究の蓄積」で，研究視点を磨くことを学んだ。

　院生の研究関心によって児童家庭福祉，障害保健福祉，高齢者福祉の3研究班に分かれて研究は始まった。所属した障害保健福祉研究班では「地域における障害者の生活支援」をテーマにして，大学に隣接する地域の活動事例を比較調査した。わたしは障害者地域自立生活支援事業を担当し，なかでも自立生活プログラムに焦点をあてて，グループインタビューを実施した。

　ある区が主催する事業で，当事者（全身性の身体障害）である非常勤職員が「支援事業によって自立を目指す当事者を増やしていきたい」と考えていた。わたしたちは「自立生活を経験してきた当事者」という特性をもった支援者という役割に着目し，事業の一つである自立生活支援セミナーを分析・検討した。グループインタビューでは「当事者同士の支え合い，当事者間の影響」を質問項目にあげたところ，次のような意見があった。

・（区主催の）自立生活支援セミナーは講師を連れてきて，上から見下ろしてただ話を聞くだけだったので，何かすっきりしないものがありました。それはためになったものもあったけどね。
　・〔司会〕区の支援セミナーでも，自立生活をされている先輩の当事者の方からお話があったと思うのですが，区の支援セミナーへの違和感はどこにあるのですか。
　・たぶん思うのは，理論的な意見と実践的な意見とが同じ意見でも多少違いますでしょ。ただ理論的なものだけではなくて，（当事者が）わかりづらいから出してはいないことばや感情ってありますよね。（当事者同士のもつ共感というものは）たぶんそういう意味合いが大きいのではないかと思うんですよね。

　当事者自身がまだことばにしていない内容や感情は，当事者同士だからこそ共感しやすい。その「わかりづらさ」を共有するのが，当事者同士の支え合いの特徴の一つだと捉えた。
　こうした実践事例を分析する視点となったのは，石川到覚による「福祉実践の特性」の整理だった。「当事者や素人特性には，生活の営みに重点を置く価値志向があり，日常生活の経験知と生涯にわたる時間的な連続性をもつ相互関係が尊重され，その実践を支える体験価値や態度価値が重視される。知識では，対応する領域の専門情報を活用する専門性が明らかに優位となるが，生活情報に関する経験的知識の蓄積が当事者性と素人性にはある。（中略）これらの相違点をふまえた専門性の再認識が求められる」[1]
　わたしにとっては，専門職が一方的に支援するのではなく，双方向の関係で何が起こっているかが大事だった。グループホームで出会った当事者から教えてもらった実感はあるが，実践課題を前にそれをどう表現していいかわからない。でも何とか言語化したいと思っていた時に，この研究が

1）石川到覚，1997，「福祉援助技術の実践的意義」，柏木昭・簑野脩一編『医療と福祉のインテグレーション』へるす出版，p.18.

わたしにとって研究視点のはじまりとなった。ごく当たり前の生活，当事者にとっての「普通の暮らし」を支援する「専門性」には何が必要なのか，を考えていくための視座を手に入れたと思った。

2 実践と研究の「紡ぎ口」を見つける

　吉澤英子は，実践方法のあみ出し方について次のように述べている（図1）。

　「研究方法というと大げさですが，石井（十次）の養護実践の過程で，児童をはじめとするそれぞれの人間のもつ思考，行動の『共通要素』と『異質要素』とを整理して，そこから原則なり仮説なりをうち立て，そしてまたその仮説を実践する意味を心して日々新たに児童に接していく，その評価もきちんとするという，この繰り返しというのが『児童養護』の原点になければならないといいたいのです。それが養護理論への道を拓くということになります。そういう意味でわたしは実際，生活の営みにもとづいた理論構築を推唱したい一人です。わたしは実践分析は『糸紡ぎ方式』で進めることが必要だといいたいのです。蚕でも羊毛でも，紡いで糸にしていきますでしょう。蚕にしても紡ぎ口を探し出すことが必要で，そこを見きわめて糸にしていけば，ずっとつながって，その糸ができれば，着る物になっていく，その糸を紡ぎ出していく，そこがいわゆる実践から理論化への道を拓くことだと考えているところであります」[2]

　仮説を立てて実践する，その「繰り返しが原点にある」と吉澤は言う。実践分析とは「紡ぎ口」を探し出し，見きわめて糸にする，その糸を紡ぎ出していく，そこが実践から理論化への道を拓くと指摘した。

---

2 ）吉澤英子教授最終講義，2005，「石井十次の児童養護に学ぶ―生活台を創る―」『鴨台社会福祉学論集』14：63.

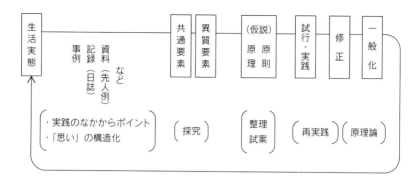

図1 実践方法とそのあみ出し方

「事例,日誌などの記録,資料」などをもとに要素を整理し,仮説を立てて試行・実践・修正を行い,評価を行う。生活実態に戻り,実践に反映させながらあらためて探求する。わたしはこの循環を,実践課題を明確にする道筋であると同時に,基本的な研究姿勢として理解した。

わたしにもう一つ影響を与えたのが,糸賀一雄の思想である。糸賀は数多くの実績を残したが,なかでも重い知的障害や身体障害をあわせもつ人の実践に尽力した。社会が注目しなかった時代から,実践を紡いできた先人の一人である。糸賀はその思想の一端を次のように記している。

> 「このひとたちが,じつは私たちと少しもかわらない存在であって,その生命の尊厳と自由な自己実現を願っており,(中略)それが本当に社会の常識となることへの道行が『福祉』の内容となるのである。福祉の実現は,その根底に,福祉の思想をもっている。実現の過程でその思想は常に吟味される」[3]

「行動的な実践のなかで,常に吟味され,育つ」ためには,文章などに

---

3) 糸賀一雄,1967,『福祉の思想』日本放送出版協会,p.64.

書き出して，確かめることが欠かせない。「私たちと少しもかわらない存在」だとあらためて確認しなければいけないのは，そこにコミュニケーションのむずかしさがあるためだろう（このむずかしさについては後述する）。日々の実践を残した記録（日誌）などは，実現の過程を記す要素となるかもしれない。記録化は，実践を目に見える形で把握するための一つの試みであり，検証の対象になるとわたしは考えた。

　障害の重い人の地域生活の拠点を築くなど，その後の道程を歩いた日浦美智江も，紡ぎ方を示唆している。

　「重症心身障害児と呼ばれる子どもたちと関わってきて私自身が学ばせてもらったことは，福祉や教育に携わる者は，子どもたち一人ひとりがもつ可能性への支援を行うことに，その存在意義があるということであった。主体はあくまでも子ども本人であり，本人のもつ可能性をいかに支援するか，その支援の道をいかに見つけるか，そこにこそ専門性の意味がある」[4]

　本人のもつ可能性にどう着目し，支援の道をいかに見つけるか。ここでも，まず要素の把握が課題になるだろう。「言語による表現が乏しい人ほど，その心を捉えるにはこちらの集中力と忍耐が必要になる」と日浦は述べた。その検証の土台として何を書き残すのか，わたしの紡ぐ視点が問われていると感じた。

3　実践を通した研究課題の検証

Ｔさんと支援者のやりとり
　大正大学福祉デザイン研究所では「アクセス・リスク」を共同研究テーマに，支援が行われる環境において，何らかのニーズをもつ人が適切な支

4）日浦美智江，2010，『笑顔のメッセンジャー―私が私でいられるしあわせ―』文芸社，p.57-58.

援を得るための過程（その機会が得られない構造）の解明を行っている。そこでわたしは，グループホームで生活する重度・重複障害者と支援者の関係にある共通要素，異質要素を探して，リスクにつながる構造把握を試みた。

　身体的な介助やさまざまな支援が提供される生活の場において，支援者が「わかる」時のヒントは何か。研究関心をむけたのは，当事者から豊かに発信されているメッセージが，どうして支援する側で受け取れないのか，なぜ支援する時に「わからない」結果につながるのか。「福祉実践の特性」に換言すれば，当事者性と協働するための専門性を探すという目的であった。

　車イスを使う全身性身体障害のある人が，グループホームの生活場面で支援者と何らかの関係をもつ場面を考察した。ここでは仮にＴさん（30代，男性）とする。

　Ｔさんは，ことばの読み書きでは表現しない。初めて会った人には「話せない」人に見えるが，しだいにＴさんがまわりのことばや状況を理解しており，生活のスタイルや動作から確固たる意思を感じるようになる。一般的にコミュニケーションというと，ことばだけで話しているように錯覚しがちだが，非言語コミュニケーション（表情，視線，姿勢，身振り，手振り，呼吸など）が大きな影響をあたえている。Ｔさんの場合は非言語のみで意思を伝える，つまり「話す」のだ。

　Ｔさんと初めて話す支援者には「足を交差させて，はい／いいえを伝えます」と紹介されることが多い。足を振る動作は，言語にかわる「誰でもわかりやすい目印」になり，Ｔさんの日常は周囲の人からの質問に答える形になる傾向がある。ただ実際のＴさんは，相手によって意思表示の方法を変えている。足を動かさずにじっと相手の目を見る，何も動作をしないなど，さまざまな非言語の組み合わせで伝える。「話す」内容は場面によって違うのだから，いろいろな「話し方」になるのは自然なことだろう。

　これをＴさんの障害特性として「話せない」ということもできる。だ

が，Tさんの「ことば」（非言語）を理解しないと，支援者が話すことができない。だからTさんの意思を受け取るために，支援者は新たな言語を身につけるつもりで，自身の視点を振り返ることになる。

　ある場面を通して，見ていこう。夕方，支援者AさんはTさんに呼ばれて部屋に行った。「用事ですか」と聞くAさんに，TさんはDVDを足で指し示す。机の上には，好きなスポーツや映画を撮ったDVDが数十枚入ったファイルがあった。Aさんは，そのなかのどれを選んだらよいのかわからなかった。「これですか」と聞くと，Tさんは足を交差させる。違ったようだ。Aさんは，また「こっちですか」と尋ねた。4，5回同じようなやりとりをした後，Tさんは返事をしなくなった。Aさんは，求められていることがわからなかったのでTさんがあきらめたと感じた。

　この時，Tさんが伝えたことを支援者Aさんは探した。しかし，二人のやりとりはうまくいかなかった。悪循環を整理すると，①Tさんが要求を伝える，②支援者AさんはDVDを探すがわからない，③Tさんは何度か伝えようとするがAさんにはわからない，④Tさんの表現が減る，⑤支援者Aさんは手がかりをなくす，となる。ここで注目したのは，支援者の質問が「どのDVDを選んだらよいか」に終始していたことだ。

　支援者があげる選択肢は，その人が考えられる範囲になるので制約が生じるのはやむをえない面もある。たとえばここでTさんが伝えていたのは，Aさんの好きな映画を尋ねていたのかもしれない。Tさんはスポーツの話題をしていて一緒に見ようと誘うこともある。だが結局何が正解だったのかを支援者個人が問いつづけることに意義は見出しにくい。それよりも，支援者Aさんは齟齬の可能性を含め，Tさん自身の表現（上記①）を広く想像したり，他の支援者に助言を求めたいとTさんへ提案してもよかったかもしれない（③の段階で）。

　Tさんの返事（表情や動作）を注意深く確かめながらでも，支援者がその人の表現から「ことば」をどれだけ考えることができるか（ある場面での可能性を抽出する）。そして複数の支援者がTさんから何を受け取って，どのように支援につなぐことができるか。こうした内容を報告書の考察に

まとめた後，支援の統括者に結果を報告したところ，「グループホームの支援者へ知っておいてほしいこと」という当事者の紹介ファイルを作ることになった。後日Tさんに確認しながら，支援に入る人へ伝えたい内容を支援者で協力し，まとめていった。

　支援者は，支援者自身の個人的な考え方や生活体験から当事者の表現を捉えやすい。この仮説を支援者間で共有し，まずは支援者が生活場面で当事者の必要とする支援（の可能性）をどれだけ考えることができるか，確かめようということになった。紹介ファイルがその助けになるか，あるいは支援者の発想が貧困になり生活の幅が狭まってしまうのか。この仮説の検証は，研究と実践を行き来する「循環」の経験となった。

支援者の情報共有と支援記録

　後に，わたしは社会福祉法人の支援者となって，障害のある子どもの「一時ケア」を担当した。この一時ケアは障害種別を問わず，家族からの申込み（予約）によって利用が決まる。放課後の余暇に利用されることが多いが，家族に用事がある時，休日に親子が離れてゆっくり過ごすためなどの利用がある。

　上述したグループホームという生活の場では，日常的な馴染みのある関係を前提にしていたが，この一時ケアは，支援者にとって利用に訪れる子どもたちと接する頻度の差が大きい。ほぼ毎週利用する子どもと，数カ月ぶりに訪れた子どもが同時に遊ぶことも多い。

　事前登録制ではあったが，子どもたちの成長は速く変化も大きい。何カ月も会わなかった子どもは「はじめに家族から聞いていた特徴」や「前回の利用した時の様子」がまったく参考にならない場合も少なくない。利用前にこの間の変化を電話で家族に聞き，成長した子どもとの関係づくりを支援者は手探りで行っていた（もっとも頻繁に会える子どもたちのことを支援者がどこまでわかっていたかという課題はつねにある）。

　そこでわたしたち支援者は，引き継ぎ時の情報共有と利用時の様子を記した支援記録を「紡ぎ口」にしようと考えた。個別性の尊重を謳っている

福祉実践であれば当事者に添った支援ができるはずだが，その当たり前がむずかしいことに気づいた。吉澤の図1でいうと「要素」を探して仮説のもとで試行し修正する，このサイクルが子どもによって異なる時に，支援者間で仮説を共有するための土台が必要だと考えたのである。

とくに意識して取り組んだのが，ミーティングや申し送りの工夫（情報の共有），次回の利用で参考になるような記録のとり方（情報の伝達）の2点だった。

1点目，支援者間の情報共有について。家族の送迎で子どもが施設に来た時は，最近の様子を教えてもらう機会がある。特別支援学校まで送迎で行く時は担当教員から話を聞き，家族からの連絡ノートを読む。たとえば，今日学校で何をしたか，給食は好きなメニューだったか，最近の楽しみや以前と違って好まなくなったことは何か，苦手な気候や季節ではないかなどである。

こうした内容は，はじめに情報を把握した支援者から当日一緒に過ごす支援者へと伝えられる。これが子どもを理解するための手がかりになると考えた。複数いる支援者はシフト制で勤務時間も異なるため，短時間で必要な情報の断片を引き継ぐ必要があった。そこで重要になるのが，情報の取捨選択である。支援者個人の考えを背景にして，何が大切な情報だと捉えるのか，時にすれ違った。

定期的なミーティングでは課題を共有し，子どもにとって必要な情報を判断する基準についても話し合うようにした。たとえば「家族が体調を崩している」と支援者が聞いた時に，その影響で子どもが疲れていないか体調面を気をつけるのか，子どもが不安にならないように精神面に留意するのか，次回の過ごし方でその子どもにとって何を優先するべきか，といった支援の視点を検討する。ミーティングでは，支援者同士が話し合うことで支援の「要素」が浮かぶことが重要と考え，複数の仮説があがる場合にはどちらかを選ぶことはせずに，支援のポイントの候補として複数を確認した。

2点目は，支援者一人ひとりがその日の様子を書き残した支援記録を，

次回の利用で担当する支援者が参照して引き継ぐことに努めた。支援者同士のやりとりは仮説から支援へと循環させる方法の一つになったが，話しただけで忘れるという怖れがある。支援記録は伝達の漏れを防ぐことに加え，後日支援を検証する素材になると考えた。

　ここでも1点目と同様に，直面する実態から何を情報として選んで，どのように書くのかが課題となった。はじめに次回の利用時に参照する項目があげられる。一緒に過ごした支援者（記録者），同時に利用した子ども，引き継ぎ事項，用意したもの（机，画用紙，クレヨン，お気に入りの人形など），おもな過ごし方，食事，排泄などである。

　次に「所見」の書き方を確認した。記録をめぐる議論ではよく言われることだが，支援者の主観と客観的事実の切り分けがむずかしい。支援者が「子どもにとって大切な情報」を考えているうちに，主観的な推測と客観的な事実を混同してしまうことがあった。支援記録を書く時点で適切に記録するのが望ましいのはもちろんだが，それよりも後から読み返して仮説の検証ができる書き方を優先することにした。

　支援者の主観については，①ある場面で子どものことがほぼわからない手がかりが少ない段階，②子どもと会う機会を重ねて支援の要素が見えてきた段階，③実際に確認して共有すべき段階，という3つの仮説に便宜上分けて，記録の留意点を話し合った。①では候補となる要素を多くあげること（落ち着かなかった理由として，周囲の声，人数が増えた，体調がよくない，お腹が空いた，が思いあたるなど），②③の場合は，こうかもしれない，これが大事だと考えた根拠を書くことである。

　支援記録は，支援者がわからない状況のなかで，何に手がかりを得て，より適切な支援につなげていくのかを模索する「紡ぎ口」となった。これを続けていくうちに，新たな課題が見えはじめた。支援記録には手がかりらしきものが記されていても，実際の支援そのものが再検証に耐えうる内容をともなっていないのではないか，という支援の乏しさを循環のなかで支援記録から意識するようになったのだ。

　支援内容を記録するむずかしさに直面することで，わたしたちは支援を

考え直す機会を得た。忙しくて書き漏らしているというのは言い訳に過ぎず，支援内容を説明するためのことばが乏しいのは，支援の実態を反映していると言わざるをえないのではないか。子どもにとって必要な支援をつくっていくために，もっと支援者が扱うことばを磨かなければいけない。それは支援記録を媒介とした循環のなかで紡がれていくものであり，当事者の望む支援につながる一つの道筋にしたいと考えた。

4　とどまって考えつづけるために

　研究の問題意識を形成するものには，あまり語られることのない個人的体験が厳然とあって，研究テーマと底流でつながっていると思う。わたしの場合は，卒論執筆時に出会った人の魅力に惹かれ，たくさんのことを教わった経験であった。

　石川による「当事者性」と「素人性」をふまえた「福祉実践の特性」は，自分の原体験から支援に反映させる「ことば」を紡ぎ出すための視点だと思えた。だがわたしは，その後も「自分なりに表現すること」がむずかしかった。当事者に何か恩返しをしたいのだけれども，その道筋を拓くような研究のことばで切りだすことができない，そんなジレンマに陥ってきたように思う。吉澤のモデル図でふれた「紡ぎ口」は，実践では検証すべき仮説を抽出するものだろうし，研究では論証の切り口となる視点（テーマ）だと考えた。

　仮説は循環のなかで確かめられなければならない。「支援者の判断」を疑い，研究課題を検証するには，何度も書き出さなければならない。このプロセスにどう取り組んだのか，拙い歩みを振り返ったわけだが，今のわたしの視点を書き出すと，「言語での表現がむずかしいとされている人の意思にどうすれば近づけるのか，当事者の生活に添った支援を支援者はどのように判断しているのか」となる。

　今後これを精緻化していくには，繰り返すこと，循環にとどまってことばを紡いでいくことが必要になるだろう。岩田正美によると，社会福祉研

究とは「さまざまな実践が行われ，個人的な体験が積み重ねられているような，現実の世界を対象として，ここでなされていること，その結果生じていること，なされようとしていること，になんらかの疑念を挟み，一定の研究的な手続きに従って現実をよく観察し，それらの原因や因果関係等を考え，合理的な説明や批判を試みようとする，一連の作業である」[5]という。

　ここで述べられている「疑う，観察する，考える」行為にとどまることは，わたしにとって簡単ではなかった。当たり前のようでいて，なぜ実際にはむずかしかったのか。そこで個人的な体験をもとに，実践，研究ともに紡ぎつづける姿勢が求められること，そして視点となる紡ぎ口が重要であると考えた。

　もし循環のなかで，どこにとどまればよいのか思い迷うときは，当事者の近くで「わかっていない自分」を確かめたい。それが，実践の判断を見直させ，研究の視点を吟味する基点になるだろう。

〈参考文献〉
日浦美智江，1996，『朋はみんなの青春ステージ―重症心身障害の人たちの地域生活を創る―』ぶどう社.
中野敏子，2009，『社会福祉学は「知的障害者」に向き合えたか』高菅出版.
鯨岡峻，2013，『なぜエピソード記述なのか―「接面」の心理学のために―』東京大学出版会.

5）岩田正美，2006，「なぜ，何を研究するのか」『社会福祉研究法』有斐閣，p.6.

別れ・喪失体験を問うこと

吉野 比呂子

1 葬られた死の事実

　「別れ」について考えはじめたのは，精神科デイケアを担当してからである。グループワークを実践していくなかでつねづね気になることがあった。患者（メンバー）がはじめて参加する時は，見学してもらったり，面接を重ねたりして，少しずつ慣れてもらうよう工夫しているが，参加しなくなった時には，何回か連絡をとろうとするものの，そのうち何もしなくなってしまう。デイケアへの「入口」（導入）はていねいで親切に迎えてくれるが，「出口」（卒業とか終了とか呼び方も統一していない）の扱いはていねいでなく，とても雑なのではないかということである。
　最初に就職した精神科診療所では，1970年代からデイケアを行っていた。精神科診療所でデイケアを行っているのは稀で，週4日（後に5日），午前・午後にプログラムがあり，10人前後のメンバーが通ってきて，料理，スポーツ，創作活動，外出などさまざまな活動を行っていた。現在のように診療報酬の対象になっていなかった（基準を満たしていなかった）ために，メンバーからデイケア費を徴収していた。

ある時，精神科病院に入院中のメンバーが亡くなったことを知らせるかどうかという問題がもちあがった。当時，精神科病院では患者が亡くなっても病棟のほかの患者にはいっさい知らせないところが多く，デイケアでもメンバーが亡くなったことを知らせないでいた。精神科の患者は亡くなったことを聞くと動揺するから，病状が悪くなるから，というのが理由だったが，その根拠はあいまいで，知る権利の剥奪や差別行為であった。

　どう知らせるか，デイケアスタッフが思案しているうちに，先にメンバーたちが知ることになった。「あなたたち職員はわたしたち（精神障害者）の死すら葬るのか」とメンバーから突きつけられた。

　隠すつもりはなかったのだけれども，どのように伝えたらいいのか，その時にはわからなかった。スタッフで話し合い，できるかぎり事実を伝え，可能であればともに感情を出し合うようにしようと思っていたが，実際は思うようにできなかった。その後，別のメンバーが原因不明で亡くなるという出来事があったが，その時は亡くなったことをメンバーに伝えることがどうしてもできなかった。

　「別れ」に遭遇すると，専門職としての自覚よりも，誰のために何をどう発信すればよいのかわからなくなってしまい，曖昧な態度をとってしまう。「別れ」にまつわる出来事を扱うことがとても苦手であることや「別れ」にともなういいわけ（嘘）をどう言いつくろっていいのかいつも迷っていたからである。

　これらの出来事が発端となり，人との離別や死別，あらゆる「別れ」にともなう喪失体験について考察を重ねることになった。

2　別れ・喪失を支援する

精神科デイケアのグループ内での出来事

　デイケアというグループ活動を行っていくと，グループのなかでさまざまな出来事が起こる。プログラムについてスタッフ主導のやり方から，メンバー，スタッフともに意見を出し合い，話し合って決めていくメンバー

主導のやり方を導入し，グループの自発性，凝集性を生み出すことを意識して関わるようにした。メンバーにとっては自分の意見が尊重される一方で，さまざまな責任や役割を引き受けていくことになる。メンバー間の葛藤が起こった時には解決の方法をメンバー，スタッフみんなで考えていく，デイケアのなかで起こる問題はデイケアのなかで解決していくというグループワークを展開していった。

　ある時，デイケアのグループからあるメンバーがはじき出されそうになる出来事（スケープゴート）があった。グループのなかで逸脱した行動をとるメンバーがいて，逸脱した行動をとらないように伝えても行動が止まらなかった。逸脱した行動をとるメンバーをただたんに来ないようにさせることが解決ではない。その時，グループのなかで何が起こっているのかに目をむけた。

　グループ活動を続けていくと，グループを構成しているメンバー間でさまざまな感情がぶつかり合い，グループ力動によって逸脱した行動をとる（または，とらされる）メンバーが押し出されてしまうことがある。スタッフは，グループから押し出されそうなメンバーを包容していくにはどうしたらいいのかを考えていった。というのは，逸脱した行動をとるメンバーをグループから出してしまったとしても，グループ本来の問題は解決していないばかりでなく，圧力と権威によるグループが展開してしまうようになるからである。その後，メンバーの要望により，話し合いのプログラムを創設した。

　「座談会」と命名された話し合いのプログラムを月1回行った。話し合う課題をとくに決めずに話したいことをことばにしていく集団精神療法の技法を用いた，治療共同体のコミュニティミーティングのやり方を導入した。グループのなかでスタッフの意思が何らかの形で反映され，それに対する反応としてグループは結束したり，分裂したりを繰り返し，スケープゴートをつくり出す。「座談会」では，メンバー，スタッフが自分の気持ちを出し合うようにした。スケープゴートになったメンバーをグループのなかでどう受け止めていくかがその時点での課題であった。

デイケアにおける「別れ」について

　冒頭で述べたような，メンバーに仲間の死の情報を伝えるという行為を，スタッフはどうしてできなかったのだろうか。メンバーは，「スタッフはどうして亡くなったことを言わないのか，自分の時にも知らせないのか」と訴えてきた。何でも情報提供するわけにはいかないといった事情もあるが，知らせた時に起こる動揺に対応できる自信がなかったのである。

　グループのメンバーが感情をことばでもって表現できるように取り組んできて，メンバーも成長してきたのに，スタッフ側が成長できずにいて，喪の作業を棚上げにしたことに気づかされていった。

　その後スタッフは，「送り出す」「別れ」をメンバーに伝えることにした。別れの場で，感情を直接的に話すメンバーもいる半面，そのことにいっさいふれようとしないメンバーもいた。また，スタッフが退職することを報告した時は，メンバーにとって喜び，妬ましさ，怒りなどの感情を聞くことに徹した。それぞれの考えを尊重しながら，別れから連想される出来事をていねいに扱っていくことがグループの成長，もしくはメンバー個々の成長につながっていくことを学んでいった。

　デイケアのなかで出会いと別れの瞬間をていねいに扱うことで，喜びや成就感を味わうだけでなく，悲しみや喪失感をともに感じ合い，そこから支え合う，分かち合うということを体験できることの大切さを学んでいったのだと思う。

院長との別れ

　診療所の院長が亡くなった体験では，スタッフもメンバーも一人の人間として，院長の喪のプロセスのなかでどのようにふるまったのか，またそこからどのように再生していったのかを考えていった。

　地域医療を早くから推進していた実践者として，スタッフも患者も院長の求心力に頼っていたところは大きかった。それはある種絶対的な存在であり，その大きな力のもとで，スタッフも患者も居心地よく過ごしてきていた。その院長が亡くなるという体験を経て，患者も職員も混乱した。

デイケアのなかでは,「院長の思い出を語る」時間を積極的に取り入れたり, イベントに力を入れたりした。しかし, デイケア内では具合の悪くなるメンバーが続出し, 重ねてトラブルも発生し, 膠着した状態が1年以上続いてしまう結果となった。
　再生としての立て直しには多くの時間を要した。その期間こそが喪の作業の時間であった。

わたしが職場を去る時

　わたし自身が診療所を去ることになった時にも, グループでの話し合いのなかで自分自身の退職を扱った。辞めることを自分なりにどう伝えていいのか考えていた。
　グループを離れることをメンバーに伝えると, 反応はほとんどなく, 静かなものであった。いつものように, これからの日程を決めることなどの話題で終わり, ある意味でグループから否認された感じの反応であった。
　思っていた以上のエネルギーで放り出された。言い出したことばに後戻りできないとても不安定なものとなった。去る者の立場というのは, 悲哀の作業と言いながらも, 異分子となってグループにいつづける状況を意味している。退職の日までの日常が非日常に変わる体験をする。退職の日（別れの日）が"晴れ"の日になった体験である。

3　災害支援に関わって

阪神淡路大震災時の支援

　1995年の阪神淡路大震災の時, はじめて災害支援にたずさわった。神戸三宮にあるクリニックで, 全国から集まった多職種でシフトをつくりチームを組んで活動した。24時間の電話相談では, 震災から2カ月弱の時期だったために, 避難所での生活の疲れ, 家族間の亀裂, 住居が決まらないあせり, 報道では美談ばかりが流されているが, 自分の置かれている状況とのギャップなどの訴えがあり, 怒り, 悲しみ, 不安などの感情をてい

ねいに聞き取っていくことが大事であることを知った。

　避難所となった学校へ医師とチームを組んで往診したが，避難所では精神科を標榜しないでふるまうように言われた。神戸の避難所には全国から「ボランティア」と称する人たちであふれ，被災者にとって負担になることも多かったと言われている。また，仮設住宅へ近況確認などで訪問したが，はじめて訪れるボランティアに会ってくれる人は少なく，なかなか気持ちを話すまでにはいかず，訪問のむずかしさを実感した。

　毎日，ボランティア同士でミーティングをつづけ，自分の気持ちを吐き出し，自分のとった行動を振り返ることを怠らなかった。神戸には2回足を運んだが，「精神保健福祉士として何ができるのか」という問いが残った。

　その後，災害支援ソーシャルワークを継続して行い，研修会を開催して災害時における精神保健福祉士の役割について考察しつづけた。この活動があったからこそ，東日本大震災の時にも，その支援に関わることができたのだと思う。

東日本大震災時の支援

　2011年の東日本大震災の時も災害支援に赴いた。一般のボランティアとして参加し，南三陸町で写真の整理や避難所の診療所の受付などを行った。また，日本精神保健福祉士協会からの派遣で東北大学の心のケアチームに参加し石巻市の戸別訪問へ出むいたり，宮城心のケアセンターのボランティア参加の時は東松島市の保健所で電話当番を行った。

　精神保健福祉士の災害支援は，生命の危機に対応するよりも，避難所や仮設住宅での長期にわたる支援者を支援するネットワーク機能の構築などにたずさわることが多く，多種多様な支援が必要となる。

　亡くなった方がいる地域では，遺族や関係者に対する配慮と心理的サポートが必要となる。喪の作業の進め方はとてもむずかしく，ことばかけ一つとっても慎重に進めなければならない。通常のソーシャルワークのように，ニーズを聞き地域の資源と結びつけていく活動は後まわしとなる。

短期のボランティアとしては，その地域の関係職種の方々の力になること，かぎられた時間のなかで地域から求められることをこなしていくのが役割であるが，精神保健福祉士としていつも本当にこれでよかったのだろうかという疑問がある。時系列という縦糸と，多職種と連携する横糸があり，その二つをうまく組み合わせて支援を途切れることなくつづけていけることが理想なのではないか。それは自殺予防やセーフティネットにも応用できることだ。

4　自殺予防への取り組み

司法書士との連携
　自殺対策では，自殺ハイリスク者への早期介入と継続的なケアは重要であるが，必ずしも当該者が専門機関につながっていない。その一つに，司法書士が依頼者のメンタルヘルスやそうした相談機関との連携に苦慮している実情がある。
　司法書士は，失業したり，中小企業の経営者が経営困難になったり，ギャンブルやアルコール依存，さらには多重債務などから，金銭の法的手続きに関わる。その相談対象者に自殺に関するハイリスク者がいる。一方，精神保健福祉士は，相談対象者から多重債務など金銭や法的な相談を受けることも少なくない。こうしたことから，司法書士と精神保健福祉士が連携すれば有効な自殺対策の一つとなりえるだろう。
　そこで「自殺予防の手引き」作成の基礎資料収集として，精神保健福祉士と司法書士それぞれ3グループずつ合計6グループに対してグループインタビューを行った。
　そのインタビュー結果から抽出された司法書士グループのカテゴリーは，自殺（未遂者）への関わり，自殺（未遂）者をめぐる現状，精神保健福祉士への認識，精神保健福祉士との関わり，精神保健福祉士への期待，司法書士のメンタルヘルス，今後の連携であった。精神保健福祉士グループのカテゴリーは，司法書士への認識，司法書士との関わり，自殺対策を

めぐる現状と精神保健福祉士，自殺対策への精神保健福祉士としての関わり，自殺対策における精神保健福祉士の課題，精神保健福祉士のメンタルヘルス，今後の司法書士との連携であった。これらのカテゴリーから質問紙を作成し，日本司法書士会の司法書士に対して質問紙調査を行った。

その調査結果から，司法書士は9割が自殺対策の知識をもち合わせており，一般国民と比較しても自殺対策に関する施策や法律，ゲートキーパーの役割などに関する知識をもっていると考えられた。また，自殺関連問題（自殺既遂者事例，自殺未遂者事例，自殺念慮）の経験を問う設問から，多くの司法書士が自殺関連問題に遭遇していることがわかった。自死遺族に対する業務に関わりのあった人は17.8％あり，日頃からメンタルヘルスの問題をもつ人に関わった経験のある人は約半数いた。対応に困った内容としては「被害的な訴え」「相談が長く，頻回」「妄想的な話」があげられた。メンタルヘルスの問題に気づきながらも，「相談先がない」（4割），「何かあった時にどこにつなげたらいいのかメンタルヘルス領域の専門家からアドバイスがほしい」（約7割）という意見もあり，精神保健領域との顔の見える関係の期待が推測された。また，司法書士自身，メンタルヘルスに関わる不調を訴える人が3割いた。

司法書士で精神保健福祉士の仕事内容を知っていた人は2割，名前だけ知っている人は4割であった。司法書士はメンタルヘルスの問題をかかえる相談者と多く接していながら，精神保健福祉士などの精神保健領域の専門職と接する機会は少なく，適切な対処方法や相談窓口へのつなぎ方がわからずにいるのである。

一方，精神保健福祉士が多重債務などの金銭問題の対処方法を取得しておくことが重要であることは，ヒアリング調査からも明らかである。

これらの調査結果をふまえて，司法書士と精神保健福祉士が互いの職務を理解し，連携がとりやすい環境をつくるために，『いきるを支える―精神保健と社会的取り組み相談窓口連携の手引き―』を作成した。司法書士，精神保健福祉士双方の仕事を紹介し，それぞれの職種の自殺対策，精神保健問題をかかえる人の基本的な理解と支援について，司法書士と精神

保健福祉士との連携の仕方についてなどを，事例を紹介しながら実際に活用できるようにコンパクトにまとめられている。

これまで精神保健福祉士は精神科医療機関に所属するのが一般的であり，対象が精神障害者で，精神障害者とその人を取り巻くごく狭い範囲の関わりがおもな職種なので，医療福祉関係以外の職種の人と関わる機会が少なかったが，近年はメンタルヘルス問題に関わるさまざまな人たちと連携することが多くなりつつある。

5　今後の活動にむけて

精神保健福祉士として自殺予防に関わる他職種連携の要点をまとめると，①メンタルヘルスに関する基礎知識の取得，②セルフケアのためのセルフマネジメント，③自殺予防におけるソーシャルワーク，④コンサルテーションの関係性づくり，⑤自死遺族支援，⑥地域におけるネットワークづくりの6点といえる。

自殺予防の効果を実感するということはじつにむずかしく，減らない自殺者数を見ていると疲弊ばかりが大きくなってくる。少し下がった自殺者数だけを取り上げて一喜一憂するのもおかしなことである。自殺予防はその数を減らすことが目的ではなく，個人個人が幸せに生きることができる社会をつくることにある。そして，その一端を精神保健福祉士が担っていく意義は多いにあると実感している。

デイケアの場面で体験したさまざまな出来事や，災害支援活動，自殺対策への関わりを振り返ってみると，そこにはいつも「別れ」があった。「別れ」によって連想されることやそれにまつわる感情を扱うことを数多くやってきた。しかし，一人ひとりみなその対応は違っていて，いまだにこれでよかったという対応の仕方はないかもしれない。

自殺対策，災害支援，危機介入，どの活動も一人ではできず，チームや複数の多職種とともに活動していくことが求められ，支援のあり方はつねに時代に沿ったかたちで見直していかねばならない。自殺予防も複数の，

網の目のようにセイフティネットとして機能させることが必要となる。一生を費やしても満足のいく対応はとれないかもしれないが，つねに相手のことを考えながらむき合えるようになっていきたい。

〈参考文献〉
小此木啓吾，1979,『対象喪失─悲しむということ─』中央公論社.
近藤喬一・鈴木純一編，2000,『集団精神療法ハンドブック』金剛出版.
大野裕監修，大山博史・渡邉洋一編著，2008,『メンタルヘルスとソーシャルワークによる自殺対策』相川書房.

地域福祉活動の歩み
―― 浅草寺福祉会館の取り組み

金田 寿世

1 福祉会館の基本理念

　古くから「浅草のかんのんさま」として庶民に親しまれている東京都台東区にある金龍山浅草寺(せんそうじ)は，社会に開かれた施設として1960年に「浅草寺福祉会館」を開設した。
　現在の会館には，主任（僧侶）とソーシャルワーカー5名（寺院職員3名，会館嘱託2名）が配置され，3名のスーパーバイザーから指導を受けている。このほか弁護士4名が交代で法律相談を担当している。
　福祉会館活動の基本理念は「かんのんさまの慈悲の御心の実践―ささえる・つながる・ほっとする―」である。仏教理念を「福祉」の局面において具体化したわかりやすいことばに置き換えて，以下の活動を行っている。
　○相談―ささえる―
　「相依(そうえ)・無畏(むい)」を「あんしん・だいじょうぶ」に置き換えた，困りごと相談，法律相談。
　○ネットワーク／啓発―つながる―

「縁生(えんしょう)」を「であう・ひろがる」に置き換えた，福祉に関する広報啓発，他機関との連携・情報交換，テーマ別学習会や意見交換会などの開催，地域の福祉関係団体によるイベントなどへの協力。

○憩いの場─ほっとする─

「安穏(あんのん)」を「そのまま・ありのまま」に置き換えた，各種講座の開催，映画の上映，子どもむけプログラムの開催，心身ともに安らげる場の提供。

2　福祉会館の歴史

浅草寺福祉会館前史

浅草地域の形成は浅草寺の成り立ちとともにあり，「信仰の場」と「娯楽の場」が混在して繁栄した。江戸時代には多くの江戸文化がここから発祥し，明治時代には浅草公園が誕生し，民衆文化が息づき近代化が進んだ。

明治末期の1910年に大水害があり，その被災者を「浅草寺救護所」（現在の浅草寺病院）を開いて救済したのが浅草寺による近代的な社会事業のはじまりである。大正時代には少年保護施設「施無畏(せむい)学園」を開設，そして，関東大震災後に浅草寺福祉会館の前身である「浅草寺婦人相談宿泊所（婦人会館）」を設立した。震災の復興時に労働者宿泊保護施設「三軌(きんき)会館」，「浅草寺保育園」，「浅草コドモ図書館」，知的障害児施設「カルナ学園」，「児童教育相談所」を設立するなど，浅草寺は社会部を設置して活発に社会事業に取り組んだ。しかし，太平洋戦争時に病院以外の多くは閉鎖となり，東京大空襲では本堂すらも焼失し，浅草地域は灰燼に帰した。

戦後となって浅草寺は本堂再建と境内整備に邁進し，ようやく1958年に本堂が落慶した。同年，戦前の「浅草寺婦人相談宿泊所」での事業を引き継ぐ形で「浅草寺相談所」を開所し，婦人相談，結婚相談，児童相談，家庭法律相談を受け付けるようになったのである。

創設期(1960年6月～1970年3月)

　本堂落慶から2年後，浅草寺は本堂再建に協力した世間への謝意も含めて「浅草寺福祉会館」を建設し，「浅草寺相談所」を継承して寺院と社会の結びつきとなるべく地域の福祉センターとして出発させた。

　しかし，運営母体である浅草寺と活動拠点である福祉会館の関係性が不明瞭であるため，それまでそれぞれの僧侶が中心となって行われてきた子ども会，養護施設慰問，災害支援活動などを取りまとめた形で受け入れる体制を整えることができず，女性教養講座の継続とカウンセリングやケースワークの専門家を相談員に迎えての相談事業の充実にとどまり，地域のセンター機能は発揮されなかった。

展開期(1970年4月～1990年3月)

　開設後10年を経て浅草寺教化部が管轄する一施設であることを明確にした会館に，浅草寺内僧侶が主任として配置され，加えて社会福祉の専門家をスーパーバイザーとして招聘することで事業運営が次のように改善された。

　①スタッフ間の連絡会議を開き報告・連絡・相談をスムーズに行う。②グループワークを取り入れたグループ学習や障害児も参加する子ども会を開始し，地域活動として位置づける。③教養講座の対象は女性にかぎらず，生活課題に着目したテーマと狙いを設定し，会費徴収による参加への意識づけを図る。④他の相談機関との合同研究会や内部の研修会によるスタッフの資質向上を目指す。⑤精神科医師にスーパーバイザーを委嘱し，相談ケースについて精神科医療に関するアドバイスも受けるようにする。

　これらの取り組みで事業の充実が図られたが，主任が遷化しスーパーバイザーが退任するにともなってスタッフが入れ替わり事業の継続が困難になった。相談事業でも結婚相談は次第に登録件数・成立件数ともに減少したため紹介業務を閉鎖し，結婚に関する相談は家庭相談で対応するようになった。

拡充期（1990年4月～2010年3月）

　学識経験者，関係機関・団体，会館関係者などの委員で構成された「浅草寺福祉会館将来構想委員会」を立ち上げ，福祉会館の再出発を図った。その答申をもとに事業を進め，体制も安定することで継続してスーパーバイザーを委嘱することができ，スタッフも段階的に専門性を高めることができた。

　とくに相談事業において大幅な見直しが行われ，一般相談（旧家庭相談）と発達相談（旧教育相談）は，ともに福祉職の相談員に一本化して相談日も限定し，原則として予約制・来所での「困りごと相談」にした。このため受付での対応のうち電話も含めて相談にあたるものを「窓口相談」に位置づけた。開設当初より変更していないのは，弁護士による「法律相談」のみである。

　また，本期において，各種事業の見直し・試行・検討がたびたび行われ，現在では前述の「ささえる・つながる・ほっとする」をモットーにした多様な活動が展開されている。

　こうして福祉会館の歴史を振りかえると，事業の継続にあたっては，①運営母体である浅草寺と活動拠点である福祉会館の関係性が明確に位置づけられたこと，②スーパーバイザーの参画とスタッフの専門性が向上したこと，③スタッフが活動の根底にある仏教にもとづく基本理念（寺院ならではの施設の社会的役割や活動の使命）を認識し，地域の状況把握をしたうえで地域福祉活動を進めていること，の3点が重要な要素といえる。寺院がもつ施設である会館は，公的な制度や施策に規定されないものの，これらの要素をふまえて今後も活動を進めていくべきであろう。

3　多彩な地域福祉活動

　現在，福祉会館では，相談事業も含めて社会福祉の視点から地域のニーズに応じて多角的に活動を展開している。活動の基本理念を根底にもち，

つねに活動を見直しつつ状況に合わせて枠組みも変更しながら実践している。

思春期・青年期への支援事業

　福祉会館活動の柱の一つに若年層への支援事業がある。1999年度からはスクールソーシャルワークの視点を背景に，支援者のつながりである「思春期関係者ネットワーク」づくりに取り組んだ。このネットワークは児童福祉・学校教育・精神保健といった領域や行政区域を超えて，思春期年齢層に関わる支援者が現状報告と情報交換も含めてともに考える場を提供するものである。

　年間4回開催して6年間継続したが，当初は児童館，教育相談所，保健所，精神障害者社会復帰施設，ボランティアセンターなどがメンバーであったが，回を重ねるうちに，保護司，民生・児童委員，主任児童委員，子ども家庭支援センター，精神保健福祉センター思春期青年期相談，スクールカウンセラーといった多岐にわたる分野へと広がりを見せた。

　スクールソーシャルワークが制度として導入される以前のこの取り組みは，仏教寺院としての理念をもち，スクールソーシャルワークの実践化をあわせもつ先駆的な活動であるとともに，民間機関が先駆けていくことを示したものである。

　そして，このネットワークづくりが土台となってその後も，生きづらさを抱えた本人，その家族，支援者と，それぞれにむけた活動を展開している。居場所開設にあたり事前に関係機関への聞き取り調査を行いつつ，調査を通しての顔の見える関係づくりも行った。

　本人を対象にした事業では，2007年度から4年間（1期10回，毎年2期），10代，20代の居場所として「寺子屋ぷらと舎」を開催した。ここでは，①宗教的雰囲気（写経や座禅など），②生活の営み（調理や工作など），③コミュニケーション（トークやゲームなど），④創作活動（粘土細工や絵画など）を取り入れたプログラムを用意し，体験を重ねることを重視した。場の力を利用したソーシャルグループワークであり，スタッフは個・

グループ・環境の潜在的能力に働きかけ，メンバーは社会との接点や人との関わりをもつきっかけをつかみ，個人の回復へとつながっていった。

家族（おもに親）への支援は，僧侶と社会福祉の専門職が協力して，ひきこもり状態にある人の家族のためのセミナー「寺子屋ふぁみりあ」を開催し（全10回），毎回，法楽・講義・グループフリートーク・慈悲の瞑想を行った。同じ悩みを共有し共感し合うことで親同士の関係性が形成されたり，自身の内面を見つめて子どものことではなく自身の悩みとして会館の「困りごと相談」を利用する人もいた。

支援者にむけては「思春期関係者ネットワーク」を継承して，より幅広い対象者への啓発活動も視野に入れた勉強会「思春期ねっと」を開催して（年間1～2回），各方面から講師を招いた。

憩いの場事業

福祉会館では，子どもを対象とした事業も展開している。人形劇や音楽会などの観賞型事業が主軸となっているが，2000年度から6年間は，参加型プログラム（たとえば，世代間交流を図ることを重視したものや，国際協力の視点からNGO団体に協力するものなど）を導入している。

また高齢者を中心とした交流の場づくりの実践も行っている。1997年から現在まで継続しているのは映画の上映である。開始当初は広報的な役割をもつ事業であったが，コンセプトの見直しを重ねて，映画には観賞体験を参加者が共有できることと受け身型の娯楽であるという特性を生かし，上映後の交流に焦点をあてた事業に改変させてきた。交流の場について，参加者にとって居心地良く過ごせる場をどのようにつくっていくのか，工夫と検討を加えてきている。

4　地域のネットワークへ

福祉会館の活動は「相談」「憩いの場」「ネットワーク／啓発」のほかに，「調査・研究」「関係機関連携」「広報」「研修」「会議」「寺務」といっ

た枠組みで整理している。

「調査・研究」では日本仏教社会福祉学会においてスタッフが交互に研究発表してきている。学会発表の場をもつことは、活動基盤を確認するとともに、事業を検証し、新たな課題や方向性を見定めて、次のステップへとつなげる機会となる。

「関係機関連携」は地域の福祉関係機関と、イベントや学習会などを通して顔の見える関係づくりを大切にしている。民間施設の職員による勉強会では「浅草寺福祉会館と台東区の50年―民間福祉施設を中心に―」を報告した。また最近では、地域包括支援センター主催の高齢者に関わる機関や事業所、地域住民が集う懇談会で、「"ささえる・つながる・ほっとする"を大切に―歴史を踏まえて今後を考える―」を報告した。ここでは浅草寺の社会事業や現在の会館活動などを紹介したほか、かつての浅草の様子を写真で示し、また地域の変遷をグラフなどの数字で紹介した。このように研究成果の一部を地域の関係者や住民と共有することが、ともに地域の福祉活動を考えていくうえでの材料となり、研究の地域への還元になると思っている。

研究で得られた地域福祉活動の大切な観点の一つに、ケースワークで個人の生育歴を見ていくように、コミュニティワークでは活動地域の歴史の把握が重要であることがあげられる。「地域包括ケアシステムの構築」が求められている現在、地域福祉を推進する専門職は、地域住民とともに保健医療福祉のネットワーク化を図らねばならない。そのためにも地域の現状だけにとどまらず、地域の歴史も学び、地域を深く理解すべきであろう。

〈参考文献〉
大久保秀子,2008,『「浅草寺社会事業」の歴史的展開―地域社会との関連で―』ドメス出版.
浅草寺,2010,『浅草寺福祉会館五十周年』.
浅草寺,2010,『浅草寺福祉会館50年史』.

民間相談機関の記録から見えてくるもの

渡邊 智明

1 浅草寺の福祉活動

「ここに相談にいらした方は，その後，どうしておられるだろうか」
　その年，蒸し暑くなりはじめた初夏，半世紀もの間保管されていた相談記録を前に，わたしはさまざまな思いをめぐらせていた。変色した記録紙からは相談者の思いや当時の社会状況などが立ちあがってくる。ファイルケースに収まった記録紙は多量でどれくらいの数かつかめない。1万近くはあるのか……。秋口までにこの記録全体をまとめることを思うと焦りを感じはじめていた。
　わたしが勤務する浅草寺福祉会館は，浅草寺が運営する福祉機関である。浅草寺は国内外から多くの観光客が訪れる都内最古の寺院であり，周辺の住民からは「かんのんさま」として親しまれている庶民的な寺院である。近年は，隣接する墨田区に東京スカイツリーが開業したこともあり，参詣や観光客が目立つようになった。
　浅草寺は，1910年の大水害時に浅草寺救護所を設置して以来，福祉活動を展開してきた。相談活動の源流は，関東大震災発生後間もなく開設し

た「婦人相談宿泊所」までさかのぼることができ，1960年に慈悲の実践を使命として境内の北端に設立された福祉会館にて，相談活動を柱に各種講座や子ども会活動など，時勢を反映した地域福祉活動を行ってきた。

　相談活動は，1960年設立当初の家庭相談，結婚相談，教育相談，法律相談から，現在の困りごと相談に至るまで，50年以上活動を継続してきている。しばしば尋ねられることであるが，福祉会館は仏教徒だけにむけた機関ではなく，地域住民をはじめ誰でも利用できる相談窓口である。

　福祉会館は生活路に面していることもあって，日常生活の困りごとの相談から観光案内まで多種多様な人々が訪れる。相談活動では，「何日も食事をしていない。今日泊まるところはないか」「人とのコミュニケーションがうまくいかない」「仕事を探している」「離婚を迷っている」など多様な相談を受けている。その背景には，信仰の場としての聖性と周辺の商業地としての俗性が混在する独特な宗教的空間がもつ力と，仏教理念の具現化としての相談活動があわさって，「かんのんさま」の相談所として信頼を得てきたことが考えられる。

　この福祉会館の相談記録が保管されていたのである。蓄積された記録を分析することは，時代による社会状況や経済動向と相談活動との相関，浅草寺福祉会館が相談活動を継続してきた理由，相談活動が地域においてどのような役割を担っているのか，そして民間相談活動の一つの方向性を示すことになるだろう。

2　相談記録の分析

残された記録用紙

　一般的に個人を特定できるカルテなどは一定期間保管の後，廃棄される。とくに個人情報保護法施行以降は，記録の処理に関し規定を遵守する機関・施設が多い。そうしたなかで，浅草寺福祉会館の相談活動で記された記録用紙は，廃棄されず保管されていた。それらは個人ファイル形式で受理から終結までを綴ったものや相談申込み台帳，ファイルの断片，写

真，相談員に対する礼状を含む書簡などさまざまである。

　開設以降，福祉会館が受けた相談の数を正確にカウントすれば数万におよぶと思われるが，整理したところ，記録が現存しデータとして加工できる数は3,000件ほどになった。時代による社会状況や経済動向と相談活動との相関を追うことを目的としていたので，量的研究の方向で，相談記録をすべてテキストデータ化することが喫緊の作業となった。

　浅草寺福祉会館は勤務先ではあるが，保管されている相談記録を研究対象とすることには許可が必要であり，勤務時間内に作業を行うことはできない。そのため，将来的な構想として，福祉会館の相談記録電子化の企画書を提出し，会議で諮り，保管された相談記録のテキストデータ化の許可を得て，職員の協力により入力することができた。続いて研究のアウトラインを検討し，テキストマイニングによる分析を選択した。テキストマイニングとはテキストのなかからキーワードを抽出して分析するものである（マイニングとは発掘という意味）。

キーワードの抽出

　1964年から2008年までの複数の相談員による叙述体を中心とした約3,000件の相談記録は，相談内容の分類や用語の定義などが年代により微妙に異なっている。そこで相談の主訴にあたる部分をテキストデータ化し，主訴の記載がない記録の場合には通読し100字前後にまとめた。

　これをもとに福祉会館で使われている相談内容の分類項目をもとに，主訴をテキストマイニングを用いてキーワードを抽出し，35項目に分類した（表1）。キーワードをつける作業では，たとえば「今後のことは自分で決めなくてはならないと思っている」という相談者のことばに〈今後の生き方〉，「子どもが学校に行かなくなった。どうしたらいいか」には〈不登校〉などとした。

　相談内容の凝縮された記録としての主訴は，社会状況を端的に反映すると考えられる。そこで生活に大きく影響することが想定できる経済動向の変遷に沿って相談記録を区分し，相談内容との相関を見ることにした。

表1 相談内容の分類キーワードと定義

キーワード	定義
親の相談	親による子に関する相談すべて。たとえば、離婚問題、夫婦関係について、非行、不登校、子との不和など。
夫婦関係	夫婦間の不和、夫・妻の異性関係、暴力、家出など。
生き方	これからどう生きたらいいか、生きる意味がわからない、仏門に入って生き直したい、どのように最期を迎えればいいかなど。
報告	記録に（報）の記載があるもの。お礼、挨拶など。
精神面	眠れない、不安、人に聴こえない声が聴こえる、インターネットやテレビなどで自分のことが流されているなど。
親子関係	親と子の関係にかぎった相談。
離婚問題	具体的に離婚の調停に入っている相談。家庭裁判所に行くことになっている、現在調停中であるなど。
仕事	仕事を探している、解雇、転職、適性を知りたいなど。
対人関係	人とのつきあいがうまくいかない、部下、上司との人間関係がうまくいかないなど。
法律	法律相談希望。公正証書をつくりたいなど。
各種情報	年金受給についてなど、制度についての問い合わせや相談、補聴器などの機器についての情報、社会福祉協議会やボランティアに関する情報がほしいなど。
家族関係	子の親に関する相談、家族間の不和など。
その他	相談内容として捉えにくい内容（たとえば、お寺に寄付をしたい、モニュメントを制作してお寺に寄付したいなど）。
兄弟姉妹関係	兄弟姉妹による相談。兄弟姉妹の夫婦関係不和についての相談。兄弟姉妹が仕事に就かないなど。
近隣関係	近隣住民に関する相談。
医療	医療費について、治療の不安、ミス、受診希望など。
自分の性格	自分の性格を直したい、明るくなりたい、自分を改めたいなど。
住居なし	今日泊まるところがない。
相続問題	相続に関する相談。
男女関係	男女交際などに関する相談。
生活保護	生活保護に関する相談。
金銭貸借	ローン返済について、友人間の金銭貸借の期限など。
住環境	住居に関する整備などの相談。
生活困窮	生活費がない、生計が立つ見通しがないなど。
経済的問題	経営などの破綻や経営不振など。
サラ金	サラリーマン金融業者の名称やサラ金などの言葉が主訴にある相談。
結婚相談	再婚、結婚相手を希望する相談、結婚式の取りやめなど。
所持金なし	現在所持金がまったくない。
宗教	新興宗教に関する相談、仏門に入りたいなど。
親族関係	親族に関する相談。
電話相談	電話による相談。
近況報告	相談利用者による近況報告、お礼など。
嫁姑問題	嫁・姑・舅に関する相談。
介護問題	介護に関する相談。
クレーム	行政や他の社会資源の対応や制度などに対する苦情。

相談主訴の時代変遷

　こうして相談主訴の件数をまず時代別に，50年間，昭和時代，平成時代で区分した（図1～3）。

　これによると，福祉会館開設時から現在までの約50年間の相談内容では「親の相談」がもっとも多い。次いで順に「夫婦関係」「生き方」「報告」「精神面」「親子関係」「離婚問題」「仕事」「対人関係」「法律」となっている。

　昭和時代は，福祉会館に相談記録がファイルとして保管されていることが確認されている最初の年度1964年から1988年までで，この時期にもっとも多い相談内容は「夫婦関係」で，次いで「親の相談」「離婚問題」「親子関係」と続く。

　それが平成時代（1989～2008年）約20年間のキーワードで見ると，「生き方」がもっとも多くなり，次いで「親の相談」「夫婦関係」「対人関係」と続く。「生き方」は昭和時代には8位だったので大きな変化である。「生き方」を相談した人の年齢幅は大きく20代から80代まで，「どう生きたらいいか」あるいは「どう最期を迎えればいいか」「今までの生き方の振り返り」など，生き方を模索する内容である。また，昭和時代には20位以内に入っていなかった「所持金なし」（14位）「サラ金」（15位）「金銭貸借」（16位）といった，金銭問題が入っていることが注目される（なお，「生き方」「宗教」などのキーワードで内容が重複するものがある）。

経済動向によるコレスポンデンス分析

　こうしたことから経済状況の変化が相談内容に影響があるとの仮説を立て，50年間を次のように4つの経済動向に区分した。

　　①高度成長期（1964～1973年）
　　②低成長期（1974～1985年）
　　③バブル期（1986～1990年）
　　④バブル崩壊以降（1991～2008年）

　そしてキーワードと時代区分のクロス表をもとにコレスポンデンス分析

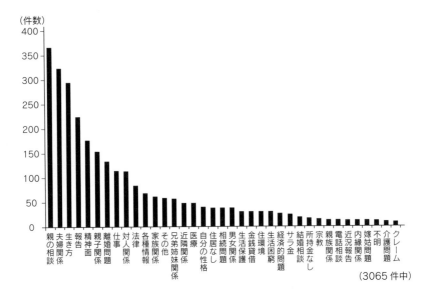

図1　50年間のキーワード（1964〜2008年）

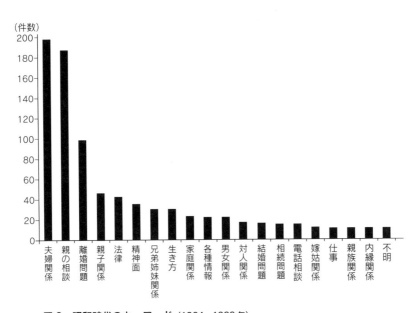

図2　昭和時代のキーワード（1964〜1988年）

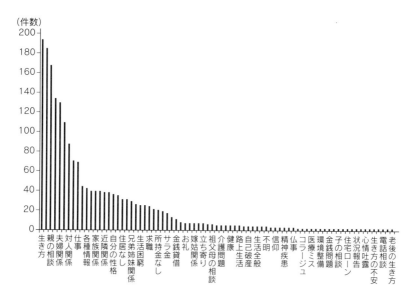

図3 平成時代のキーワード（1989〜2008年）

を行い，キーワードの出現パタンをXYグラフに同時に布置した（図4）。コレスポンデンス分析は，マーケティングなどのアンケート集計にも用いられる方法であり，クロス集計の結果を視覚化し，カテゴリー間の相関をわかりやすくするものである。

　このコレスポンデンス分析結果では，相談に社会状況や経済動向が反映されていることが明確になった。ここでは紙幅の都合上，社会状況については別に譲りたい。高度成長期から低成長期にかけてのキーワードには夫婦関係と離婚問題が目立ち，また親の相談にも嫁いだ娘の結婚生活や婚家との不和，息子の離婚問題についてなどが多い。親の相談にはほかにも娘，息子の非行，10代の妊娠，退学などが見られる。平成期の親の相談は「（30代，40代の）子が就職しない」「いじめ」「子の多重債務」などが多く，違いが顕著である。

　バブル崩壊以降は，不況の時代である。昭和時代にはなかった「介護問題」「葬送」「ひきこもり」などがキーワードに登場し，「求職」「生活保

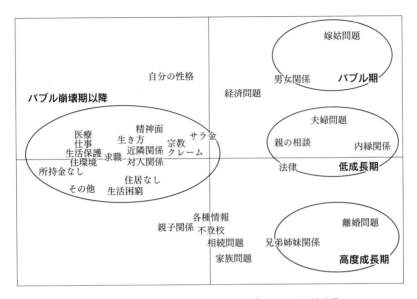

図4 相談記録キーワードの経済動向によるコレスポンデンス分析結果
時代区分と相談内容（キーワード）の関係を見るために異なる2つの次元をXY平面に示した図で，その時代に多かった相談内容がその時代の周囲に分布している

護」「生活困窮」「住所なし」「所持金なし」などのキーワードが目立つ。相談内容を見ると，「求職」を相談する人の年齢が30代後半から40代の働き盛りが目立つようになった。たんに仕事が見つからないということではなく，仕事に就いても人間関係などでつまずき，仕事を転々として年齢を重ね，不況に入りさらに就労が困難になっている例も見られる。

　概観すると，高度成長期から低成長期，バブル期にかけては，夫婦関係や離婚問題，親族に関する相談が顕著に見られるが，バブル崩壊以降は心身に関する問題（精神面・生き方・医療など），生活や経済的問題に関する相談（生活困窮・住居なし・求職など）が目立つことがわかる。このように福祉会館の相談は，経済動向に影響を受けていることが明らかになった。

3 「生きていくこと・暮らし」に焦点をあてた相談活動

　以上のように相談記録の分析から，相談内容が社会・経済状況と相関することが明らかになった。相談機関は社会状況の変化に敏感であることは当然のことであろうが，現代の社会においてどのような役割を担っているのかを分析によって確認することは重要であろう。

　相談記録を通読してみると，1回相談するだけではなく，人生の節目ごとに利用したり，10年以上の間を経て利用している事例も複数見られた。このような相談活動を含め，事例に焦点をあてた分析は福祉会館の相談の独自性，換言すれば，仏教寺院を背景にもつ相談機関の相談活動の特徴を明らかにできる可能性があり，今後の研究課題といえる。

　現在，福祉会館を取り巻く社会状況は大きく変化している。行政，民間ともに相談窓口も増えた。人々のコミュニケーションの形態も変わり，インターネットの活用などによる多様な専門相談窓口が存在する。しかし，的確な相談窓口にどれほどの人がたどり着いているであろうか。今回の研究で見出されたキーワードの多様さにより，身近な地域における総合的な相談の有用性を示すことができたのではないだろうか。

　福祉会館の相談は，平易にいうならば「よろず相談」であろう。相談を受け付ける人を選別せず，まず話をうかがう姿勢は，浅草寺境内を多様な人々が参詣・往来する光景と重なる。また，カウンセリングではなくケースワークとも異なる。「臨床」ではなく，「生きていくこと・暮らし」に焦点をあてた相談活動である。権能をもたない民間機関であり，「枠」が明確ではないため，相談を受ける側としての立ち位置にゆらぎが生じることがあるが，「枠」が明確ではないことに「自在さ」があり，ここに福祉会館の相談活動の独自性があるのだろう。

〈参考文献〉

岩田正美，1995，『戦後社会福祉の展開と大都市最底辺』ミネルヴァ書房．

林俊克, 2002, 『Excel で学ぶテキストマイニング入門』オーム社.
吉見俊哉, 2008, 『都市のドラマトゥルギー——東京・盛り場の社会史——』河出書房新社.

医療社会事業の史的検証
──浅草寺病院の取り組み

鈴木　裕介

1　ソーシャルワークとは？

　人間の生活に全体的に関わり，その人が望むよりよい生き方をともに模索する。──人を支援すること，ソーシャルワークは素晴らしい行為だと思う。しかし，ソーシャルワークの理論となると抽象度が高く，正直なところわたしにはきちんと理解できなかった。たとえば，ライフモデルの「人と環境の交互作用に焦点をあてる」と言った時に，人と環境，一方からの見方に偏らず，互いにどのように影響し合うのかを考えることが必要だということは理解できるが，では，実践現場でその理論がどのように活用されるのかは理解できなかった。
　現場で実践している人の講演などでも，とくにソーシャルワーク理論についてふれることはない。理論をベースに現場で実践されているのであろうが，どうもそれが見えてこない。そうすると，ソーシャルワーク，ソーシャルワーク理論とはどのようなものなのだろうか。
　そんな疑問を抱いていたころ，「ソーシャルワークがしたければ，医療ソーシャルワーカーになればいいよ」というある大学教授のアドバイスが

あって，わたしは医療ソーシャルワーカーになることになった。

2　浅草寺病院でのソーシャルワーク

入職したのは浅草寺病院。この病院は，1910年8月に浅草寺境内の念仏堂に開設された浅草寺診療所からはじまる，仏教の教えにもとづいた病院だ。

入職2年目くらいまでは，辛いながらも仕事が楽しく，充実した日々を送っていた。だんだんと仕事ができる実感がわき，患者の思いや人生の希望を聴くことができるようになってきたと思い，自分なりにソーシャルワーカーとしてソーシャルワークを理解しようとしていた。

しかし，それからはとにかく業務をこなすことに追われ，自分を振りかえることができない日々が続くと，自分の実践がソーシャルワーク理論にもとづいているとは言いがたい状況に，ふたたび「ソーシャルワークとは何なのだろうか」という疑問が生じてきた。そんな時，路上生活者Aさんと関わることになった。

路上生活者Aさんの退院先選定支援

Aさんは胃がんで入退院を続けていた人だが，ある時，自己退院してしまい，生活保護も廃止され，路上生活者となっていたが，路上で苦しんでいるところを当院に救急搬送され，入院となった。3人兄弟の長男で，次男，三男とは不仲で，ごくたまに連絡をとる程度だった。

無保険のため，主治医から介入の依頼があり，支援がスタートした。

入院当初は，路上生活をしていた影響で栄養失調・歩行困難な状態で，話もきちんとできる状態ではなかった。手持ち金もなく，無保険であったため，ふたたび生活保護を申請して経済的には安定した。その後，入院により体調も安定し，退院先の選定支援をする必要がでてきた。

Aさんは，アパートを見つけて，介護保険を利用しながらの在宅療養を希望したが，次男が難色を示した。これまでさんざん長男から迷惑をこう

むってきた経緯があり，また何か起こるではないかという不安があった。Aさんは迷惑をかけないと言うが，弟としてはとても信用できるものではなく，なかなか今後の方針が決まらなかった。

　病院としては退院可能な状況なのに入院させつづけるわけにはいかない。加えてAさんは，勝手に一時外出するなど病院のルールを破ることがあり，病棟の評判はかんばしくなかった。Aさん，弟，病院，それぞれに意向があり，どれか一つの選択肢をとることがむずかしかった。

　患者はAさんなので，Aさんの意向を尊重するのは当然だが，ソーシャルワークは人と環境の交互作用に焦点をあてることにその特色がある。Aさん本人の意向を無視するのはよくないが，Aさんだけの意向を尊重することは，弟や病院との関係を悪化させる可能性がある。そこでAさんとAさんを取り巻く環境の人たちが安心・納得できるよう，退院してアパートで療養することを第一目標として支援計画を立案した。

　あらためて弟には金銭的負担の心配はないこと，困った時は生活保護のケースワーカーが相談にのってくれること，病院内ではソーシャルワーカーが継続的に関わり，随時相談にのる体制であること，また在宅ではケアマネジャーが生活を支えることを説明した。弟は，実際は金銭的負担をする必要があると思っていたようで，その誤解が解け，またこれまでは誰にも相談することができなく，非常にストレスがたまっていたことが明らかになった。支援体制がしっかり整うことがわかったことによって，アパートでの生活に対する拒否感は少しずつ薄らいだ。

　Aさんと弟が直接話をすると感情的になることが多いのでソーシャルワーカーが入り，一緒に今後の生活について確認することとした。Aさんのことを弟はとても疎んでいる印象だったが，話を聞いていくと，Aさんを軽蔑しているわけではないこと，Aさんの好きなように生きてほしいと思っていると語った。またAさんも，弟に対して迷惑をかけてきたこと，そのことをうやむやにしながらきちんと話をしてこなかったこと，弟に今後迷惑をかけるつもりはないが，これまでの経緯からも信じてもらえないと思っていると語った。

Aさんと弟は，互いにさまざまな感情が入りまじり，コミュニケーションがとれない期間が長かったが，今回のことをきっかけとして，少しずつ話をするようになっていった。主治医には支援計画と進捗状況を伝えて，具体的退院日を設定することによって，わずかながら退院調整期間を設けることができた。

　主治医は，病棟でのAさんの行動やベッドコントロールの観点から退院調整期間を設けることは反対だった。Aさんに患者としての権利があるように，ほかの患者にも安心して療養する権利があり，その権利が侵害されることになるのではないだろうかという意見だった。主治医は非常に熱心にAさんを診療しており，Aさんのことが個人的に嫌いというわけではなく，病院システムから考えての意見であることが理解できた。検討の結果，院内スタッフ，退院後の関係職種にも時間を意識して関わってもらうことを目的に，具体的退院日を設定することで意見がまとまった。

　この時点では，在宅の準備が本当にできるか不安もあった。もしできなかった場合，Aさんには退院してもらう，というわけにはいかないので，退院延期，もしくはどこかほかの療養施設に行ってもらうこととなってしまう。主治医，病棟との信頼関係やAさんが望む生活の保障という観点でも，決めた日時を守ることは非常に大きな意味があった。

　結果は，思ったよりスムーズに調整を行うことができて，予定日に退院することができた。退院後は支援者の支えもあり，定期受診もできており，体調も安定した。また弟との関係も少しずつ改善されて，たまに会うようになったとのことだった。

ストレングスとライフモデル

　このケースをソーシャルワーク理論で捉えると，わたしはストレングスとライフモデルを意識して取り組んできたといえる。

　ストレングスは，その人がもっている強みに視点をあてることである。Aさんはまわりから「路上生活者」であり，「素行が悪く」「何を言っても聞かない」「家族からも見放された」のに「自分の主張はする」問題の

ある人と捉えられていた。このような一面で捉えることもできるが、これはAさんの一側面に過ぎない。Aさんは自身の望む生活を主張することができる人で、まわりの人に助けを求めることができる人と捉えた。また、ルールを守らない点については、Aさんはルールがあるのは理解していたが、そのルールを守ることがどれだけ重要なことか理解していないことがわかった。ルールの重要性について説明しても理解がむずかしかったので、どうやったらルールを守ることができるかに方針を替えて対応したところ、ルールを守ることができるようになった。

　ライフモデルは、すでにふれたように、人と環境の交互作用に焦点をあてることである。Aさん自身とAさんを取り巻く環境を意識して、どこに介入するとみんなの望む生活や環境になるのかを意識した。Aさんには弟、病院（主治医、看護師）、福祉事務所、居宅介護支援事業所、ヘルパー、訪問看護、大家とたくさんの人と場所が関わっていたので、それぞれの接点と全体性を意識して関係調整や社会資源の提供などを行った。また、Aさん自身にもこのような環境にあることを意識してもらえるようエコマップ（社会資源の相関関係を表した図）を用いて可視化し、環境の共通認識を図った。

　ストレングスとライフモデルの理論を意識することがなければ、Aさんにまつわる周囲の人の見方につられて、異なった支援内容になっていたと思う。その点では、理論は、わたしの実践を支えてくれたのである。

　ただしAさんの退院調整期間を設けたことでも、感覚としては正しいと信じることができたが、明確なソーシャルワーク理論と根拠をもって主治医と話すことができたかというと、それはほとんどできていなかったように感じる。実践知や視座としては理解できるものの、きちんと理論にもとづいて根拠をもったソーシャルワークを展開することとはまだこれからである。

3 浅草寺病院の歴史

　こうして，ソーシャルワークとは何かという原理的な疑問は続いていたが，これではテーマが壮大で，とても考察を進めることができなかった。そこで視点を変え，ソーシャルワークがどのように展開してきたのか，その歴史を追ってみることにした。

　とくにわたしが勤務していた浅草寺病院は医療社会福祉事業として長い歴史がある。そこで「浅草寺医療社会事業の実践史」をテーマとして，浅草寺病院が無料低額診療事業を中心とした医療福祉実践で果たした役割，とくに草創期に目指した理念や実践過程における実践者の思想・行動を追ってみることにしたのである。

浅草寺救護所の開設

　浅草寺は，「庶民的世界の側に傾斜し，支配と被支配の調和を図る」役割を果たしている。つまり，著名な高僧によって開山されるというような権威的な創建ではなく，漁民たちなどの民衆が力を合わせ，集落の長のもと，自分たちで生み出した祈りの場としての機能を担っている。このような浅草寺のあり方や思想の具現化の一つとして，浅草寺病院は地域の医療ニーズに対応するために開設されたことにはじまる。

　台東区史によると，1910年8月，連日豪雨が続き，東京市内のほぼ全域で住居の浸水を見たが，荒川・利根川水系の下流にある本所，深川，浅草，下谷の四区の被害がもっとも激しかった。浅草区は床上浸水26,521件，床下浸水4,569件，救助人員は19,947人だった。

　このような状況のなか，罹災者が多数浅草寺境内に殺到した。浅草寺信徒総代の髙木益太郎は，当時の浅草寺第20世貫首であった修多羅亮延大僧正と諮り，8月15日に境内の念仏堂を開放して臨時の救療作業を開始し，「浅草寺救療所」と称した。10月3日には念仏堂より六十六仏堂御共所に移り，名称を「浅草寺救護所」とあらため「細民救療ノ永久的施設」

とした。

その後，医療社会事業が拡大されていった。浅草寺救護所の中心人物であった大森公亮は，1920年3月19日に医長となってから，日曜診療・巡回往診を開始する。また歯科診療を行うようになったのもこの時期である。さらに同年，東京大学物療内科より医局員を連日派遣してもらうようになり，救療所時代に使用していた念仏堂を再度，内科診察室として使用しはじめた。なお，こうした活動を支えたのは浅草寺第21世貫首救護栄海大僧正であった。

ただし事業拡大は経費増加となり経営は苦しく，1922年には浅草公園常盤座，金龍館，東京クラブ館に寄付金箱を設置，翌年には浅草寺救護所後援のための「浅草寺救護所維持会」を設立している。

関東大震災と浅草救護所の活動

1923年9月1日，関東大震災が起きた。浅草救護所は救護班を編成し，付近で発生した負傷者を観音堂裏手の広場に集めて応急手当を行い，すみやかに観音堂内に収容した。しかし，観音堂周辺も火の海と化し，その日のうちに観音堂，五重塔，仁王門，二天門，伝法院だけを残して，その他の建物はすべて灰燼に帰した。すなわち救護所の建物もまた焼失した。そこで火災をまぬがれた観音堂で診察を行い，堂塔裡，客殿，書院，事務所，庭園すべてを開放して1,500人収容した。

10月13日には，臨時震災救護事務局より建設費として32,100円が下付されたため，10月15日に20坪ほどの臨時診療所を二天門下に建設し，一般罹災者の診療に従事することになった。また重症患者を収容するために天幕5張設置して診療を行った。

11月には，罹災貧困者の児童（3〜6歳）のために託児所を建設して80名収容し，宿所がない独身労働者の宿泊施設のために天幕宿舎6組を設けて100名収容した。

あわせて浅草寺に属する建物へ5,000人を収容，食糧の配給，尋ね人の受付はがきの代書，吉原公園などの巡回，死者の弔い，被服の募集，臨時

小学校の開設，罹災者の慰安会といった多岐にわたる支援活動を行った。

12月7日には，浅草寺救護所を「浅草寺病院」と改称することになった。

浅草寺病院の設立

1924年，浅草寺病院の建物が落成した。延べ171.5坪の2階建てである。定員は36人となっている。外来受診は，診療受付の段階で，家族数，家計収入月額，家賃部屋代など世帯内の状況を調査して，医師とともに治療要否や優先順位を決定したという。とくに，生計の苦しい人については，家庭の事情を調査し，入院期間中の生計を援助する方法などを立案して入院させることを病院の決まりとした。入院時から家庭状況を把握し，退院時には方面委員など関係機関と共同で患者支援していたのである。

また，当時「患者係」という職種が配置されていて，対応がむずかしい患者について，スタッフと患者間の円滑なコミュニケーションを図る役割を担っていたという。ソーシャルワーカーの前身とも考えられる職種である。ただし専門職としては確立していなかったと考えられる。

1932年には，経営悪化から浅草寺が救療事業を開始してからはじめて診療について一部実費の徴収を始めた。1911年から無料をつらぬいていた浅草寺病院にとっては大きな決断だった。

高木益太郎と大森公亮

浅草寺病院の活動を支えてきたのは，高木益太郎と大森公亮の2人の存在が大きい。

高木は浅草寺信徒総代であり，1910年に浅草寺救療所設立を計画した人物である。高木は弁護士，実業家で，衆議院議員もしていて，国民に法律をわかりやすく理解してもらうことを目的に「法律新聞」を刊行していた。法律新聞紙上では，積極的に人権擁護について取り上げている。官憲の人権蹂躙問題を厳しく糾弾して，自身も国会へ法案提出まで行ってい

る。

　また，法律新聞は貧困問題について多くの紙面を割き，問題点と解決策を紹介している。明治期から大正期にかけて，感化救済事業から社会事業成立期の時代状況を象徴するような貧困問題についての問題状況と解決方法について多くの記事を掲載しており，社会問題に対して大きな関心があったことが理解できる。貧困問題の発生のメカニズムについて資本主義と産業革命が基本的な原因であるとしながらも，これを解決するにあたっては社会政策に加えて，富裕層の無理解に大きな問題があるとしているところに，官僚主義に対する批判の姿勢と官憲から社会的弱者を守る姿勢を読み取ることができる。こうした社会問題への関心と実践的な問題解決の取り組みが，浅草寺の社会事業へ還元されていったと考えられる。

　大森は，浅草寺病院初の僧侶で医師となった人物で，医療社会事業として病院運営に取り組んだ。このことを高木益太郎はたいへん喜んでいた。大森は「世の中をよくして行く事業としての効果を論ずれば心細い結果になっている。抑々社会事業はむづかしい，我々恩を売る為に事業をしているのではないが，諸君，一つには止むにやまれぬ人類愛の一端として，且つ又，社会改善の第一歩として，斯業を営む者であるが，どうも世相の頽廃如何ともなし難い」と，施療を行うことのむずかしさや矛盾を感じながらも，患者を第一に考えた診療を継続した。

　浅草寺の医療社会事業が「継続」できたのは，浅草寺病院という「場」がさまざまな人の思想と行動を吸収・蓄積し，大森公亮という実践者がその思想と行動，すなわち「医療」と貧困問題や生活問題などの「社会」の両面に着目しながら，目の前にいる患者に対応してきたからだといえる。
　「ソーシャルワークとは何か」という問いについて，いまだ答えが出せていないが，浅草寺病院を通じて明らかになったことは，いつの時代であっても患者の利益を守り，どのような社会的状況であってもその人らしく生活することを支援する視座を堅持することの必要性である。実践や研究で行き詰ったときは，必ず歴史研究に立ち返り，「誰のため」に「何が必

要」なのかについて考えるようにしている。

〈参考文献〉
E. H. カー, 1962, 『歴史とは何か』清水幾太郎訳, 岩波書店.
吉田久一, 1994, 『日本の社会福祉思想』勁草書房.

II
実践を研究する

ソーシャルワークの
コミュニケーション研究

北本 佳子

1　社会構造の現れとしてのコミュニケーション

　社会福祉の実践現場で利用者と援助者のコミュニケーションを実際に見たり，現場のさまざまな記録を読んだり，学生が実習した時の記録を読んだりすると，実践現場でのコミュニケーションには制度・政策の課題や社会構造の問題が集約して現れている，と感じることがよくある。
　たとえば，学生が実習中に，利用者から「職員さんに話を聞いてもらう時間がない」とか「こんなところにはいたくない」などと訴えられて，とまどうことがよくある。実習ノートの考察欄に学生がそのことを記録していたり，大学に戻ってきてからの授業で実習を振り返ってそうしたことをよく発言する。そうした時に学生は，その時の利用者のつらい気持ちに共感できたかどうか，受容的な声かけができたかどうかといった点から自分の対応を振り返ることが多い。現場の職員を対象とする事例検討会などでも，そうした傾向が見られる。たしかに，これから支援者として育っていく学生や現場で日々実践している職員にとって，共感や受容的な声かけは援助者として身につけるべき大切なコミュニケーションの取り方・スキル

といえ，そうした面からの振り返りやそれに対する指導，助言も重要である。

ただ，そうした指導・助言は利用者と支援者の二者関係に焦点をあてて問題を捉えているということができる。しかし，少し視点を変えてみると，そこには援助者からの声かけを含むコミュニケーションのあり方の工夫やスキルでは解決ができない根本的な問題が存在していることが多い。

「職員さんに話を聞いてもらう時間がない」といったことも，職員が話を聞けない背景には，職員の意識の問題やコミュニケーション能力の問題だけでなく，施設の職員体制や人員不足の問題などの組織の問題や，さらにはそうした体制をとらざるをえない制度・政策上の課題の現れとして見ることができるのではないだろうか。

「こんなところにいたくない」と言う利用者への対応においても，背景には，施設に入所せざるをえなかった問題があり，その問題は利用者個人や家族の問題だけでなく，利用者を支えることができない地域（コミュニティ）の問題があったり，福祉サービスの不足の問題があったり，あるいは貧困の問題など，社会構造上の問題が立ちあらわれている場合も多々ある。

実践の現場では，利用者を目の前にして，職員体制の問題を取り上げても意味がないし，ましてや社会構造上の問題を訴えてもらちがあかず，支援者の対応としては意味をもたない。やはり日常的な実践場面では，その利用者の気持ちへの配慮や，その場で可能な直接的な対応が必要である。しかしわたしは，はたしてそれだけでいいのか，その繰り返しでいいのかと次第に感じるようになった。実践の振り返りや考察の際には，利用者と支援者のコミュニケーションには社会問題（社会構造上の問題）が集約されて現れていることがあるという視点で見てみることが必要ではないかと思うようになった。

あえていえば，利用者のことばや反応をいつも職員や実習生の対応の問題として捉えているだけでは，組織は変わらないし，その組織を規制する制度・政策の改善や新たな政策立案につながらない。ソーシャルワーカー

は，利用者個人に働きかけるだけでなく，その環境（社会）に働きかけてこそ，ソーシャルのワーカー（社会に働きかける人）なのではないか。

そう考えるだけですぐに組織や制度・政策が変わるわけではないが，援助者自身の対応やコミュニケーションのあり方を考えるとともに，それを規制している組織のあり方や制度・政策のあり方を考えることが可能であり大切ではないか。一組織の一職員の問題として終わらせるのではなく，その組織のあり方を問いつつ，他の組織や社会資源との連携を考えたり，地域の問題として，課題解決にむけた検討を行うことができるのではないか。また，そうした組織のつながりを通した活動がソーシャルアクションへと展開し，地域の政策課題として取り上げられ，制度・政策の立案や社会資源の開発につながっていくのではないかと感じた。

その後，実習の振り返りを行う授業や現場のコミュニケーションに関する研修などで，利用者の生活の背後にある社会構造的な課題を見つけていくこと，またその対応策を考えることを取り入れ，実際に試みてみた。そうすると，学生も自分の未熟さを振り返るだけではなく，組織をよりよくしていく視点や，その背後にある制度・政策を意識する視点をもつようになった。それによって，学生自身が実践の背後にある制度や政策の現状に関心や理解を深める様子も見てとれた。現場の援助者への研修や事例検討では，それをよりリアルに感じることが多々あった。

実践現場でのコミュニケーションの分析を通して，利用者の視点（生活者としての視点）から援助者が組織の課題や地域にある課題の構造的な理解を行い，さらにはそこから制度・政策のあり方にも関心をつなげていく様子がひしひしと伝わってきた。コミュニケーションというミクロな実践から，組織・地域のあり方，制度・政策を問う展開の可能性を感じた。

2　暗黙知（実践知）としてのコミュニケーション

実践現場では，熟練したソーシャルワーカーによる感動的なコミュニケーション場面にもよく出会う。たとえば，帰宅願望のある利用者への対応

や利用者同士のいさかいへの対応といった場面で，援助者のなにげないコミュニケーションによって展開が大きく変わることを目のあたりする。日常のなにげなく見える利用者への声かけや会話の場面でもそうしたことがよくある。

　現場での援助者のプロとしての実践には明確な意図性があるはずである。しかし，その意図性がコミュニケーションのなかでは感じられず，あたかも自然な会話のように流れているように見える。にもかかわらず，援助の意図（目的）にもとづいた利用者を主体とした望ましい援助の展開になっていく。まさにプロとしての実践を見せつけられる瞬間である。

　こうしたコミュニケーションや声かけは，援助者の暗黙知（実践知）の現れといえるだろう。この暗黙知（実践知）としてのコミュニケーションを可視化すること，何らかの伝達可能な形にしてそれを教育することはできないだろうか。暗黙知（実践知）としてのコミュニケーションの構造やそれが可能になっている背景を明らかにしたいと思った。

　一方，わたしは東京都のある自治体の保健福祉サービスの行政オンブズマン（苦情調整委員）を引き受け，実践現場における多様な苦情や要望などの調整・解決を行ってきた。そこでの利用者からの苦情は担当職員の対応，とくにコミュニケーションに関わる内容が多い。その経験からも実践現場におけるコミュニケーションの重要性をひしひしと感じていた。

　2000年の社会福祉法の制定以降，社会福祉は利用者を主体にし，自立を支援することが明文化されるとともに，福祉サービスは措置から選択（契約）へと転換した。利用者の選択，つまり自己決定によるサービス提供が求められるようになった。それにともない，措置制度時代には当たり前に行われていた援助者側（措置権者）からの保護的な，ある意味では一方的なコミュニケーションや察しによる意思疎通ではなく，利用者の希望や意思を確認し，援助者からの十分な説明や情報提供を利用者にわかるように行うなど，援助者と利用者のコミュニケーションのあり方が非常に重要になってきていることが苦情の背景にはある。

　それとともに，苦情があった場合の対応の仕方，「転倒」のような出来

事が起きた時に苦情になる場合とならない場合の違いには，基本には相互の信頼関係の有無が大きく影響しており，その背景には日頃のコミュニケーションの取り方による差が影響していることがうかがえた。

　そうした経験から，適切な対応としてのコミュニケーションを可視化していくことが福祉サービスの向上につながるのではないか，また，そうした援助者の実践の可視化は援助者の自信や今後の指針につながるとともに，それが積み重なり，広がることで援助者への信頼や社会的認知の向上にもつながるのではないかと思った。

3　ソーシャルワークにおけるコミュニケーション・モデル

カウンセリング理論とコミュニケーション研究

　日本のソーシャルワーク研究においては，長年，現場の暗黙知（実践知）を，コミュニケーションという視点からは捉えてこなかった。ケースワークにおける面接技法や面接のあり方の紹介が研究の主であった。

　ただ1987年に社会福祉士と介護福祉士の国家資格が制度化されてからは，養成テキストなどのなかで，コミュニケーションのあり方とともに，教育のあり方についても取り上げられるようにはなってきていた。その場合も，言語的コミュニケーションと非言語的コミュニケーションの紹介や説明などが中心で，とくに言語的コミュニケーションについては，カウンセリング理論をベースとしたコミュニケーションのスキル（技法）について論じるものがほとんどという状況であった。

　ソーシャルワークのテキストなどでもっとも取り上げられている「マイクロカウンセリング」のテキストで用いられているカウンセリングスキルに関して，福祉の実践現場の援助者らを対象に，援助場面に援用が可能か否かに関する調査を実施したことがあるが，その結果は，積極的に取り入れたほうがよいと思われるスキルもある一方で，実践現場にはそぐわない，違和感があるという評価もそれ以上に多かった。日本のソーシャルワーク研究全体にもいえることであるが，日本の文化や社会に根づいた研

究，とくに日本の実践現場に即した研究の必要性があると痛感した。

　というのも，日本の社会福祉の実践（ソーシャルワーク）の現場は，ソーシャルワーク理論が誕生・発展した英米などとは異なり，相談機関よりも施設や在宅を中心とした実践が多く，とりわけコミュニケーションに関していえば，施設などの実践では従来のソーシャルワーク研究で主流を占めてきたといえる相談室における面接場面での援助者と利用者の一対一のコミュニケーションだけでなく，生活場面での多様なコミュニケーションのあり方も援助に重要な意味や意義をもつからである。さらに，今日では実践現場での「チームワーク」や「連携」，「協働」ということがより強くいわれてきていることを考えると，そのあり方を考えるうえでも生活場面をベースにした研究に意義があると思った。

　さらに，そうしたコミュニケーションの研究では，カウンセリング理論にもとづく研究とは異なり，現場の利用者—援助者の二者間のコミュニケーションはもちろん，援助者間のコミュニケーション，複数の利用者と援助者のコミュニケーションなど，組織内のコミュニケーションを分析することが可能になること，さらにコミュニケーションには，話しことばだけでなく，書きことばも含まれるため，会話場面のみならず，現場の記録も研究対象にすることができるという点からも，より多面的な研究ができると考えた。

　そうした想いを抱きながら，従来のカウンセリング理論の援用ではない研究，現場の実践をもとにしたソーシャルワークのコミュニケーションの研究方法についての模索を続けた。たとえば，ナラティブ・アプローチ（ナラティブ・モデル）などによるデータ分析を行うことも頭をよぎったが，これらは利用者の語る現実（ストーリー）の分析であり，わたしが行おうとしていた援助者と利用者の間の実際のコミュニケーション分析とは異なっていた。

語用論の援用

　最終的には，言語学の「語用論」を援用し，分析することにした。語用

論は，文法論や意味論では説明しきれない対人関係の説明に有益な理論といえた。また，社会で言語がどのように使われているかといった言語と社会を関連づけて研究する社会言語学の研究方法や視点も援用しつつ研究を行うことにした。

　言語学がこれまで主として行ってきた言語そのものや文章などに関する研究は，「『如何なるものか』は記述の分野であり，『どのように言うのが理想か』というのはすでに記述ではなく『規範』という，すくなくとも言語学という学問分野にはそぐわない領域に足を踏み入れることになるのである」[1)]という指摘からもわかるように，言語学の研究では厳密にいえば，どうあるべきかという規範の領域には踏み込まない。しかし，ソーシャルワークの研究では，記述の分析の時点では規範主義を取り入れてはいけないことは明らかであるが，実践や教育への貢献を考えると，記述分析をもとにした規範的な内容（どうあるべきか）が求められるといえる。そうした意味で，やはりソーシャルワークにおけるコミュニケーションについては，言語学の研究としてではなく，ソーシャルワーク研究として行うことの必要性と有用性が考えられた。

　ただ，それでもその「規範」に関して，綾部裕子の「コミュニケーションには，相手があり，コンテキストがあり，発信者の意図と受信者の解釈がある。これらすべてを捨象して『ある表現がもっとも正しい』と述べることはほぼ不可能である。……銘記すべきことは，これを『正しいか・正しくないか』という見方（規範）で考えるのではなく，『上手くいくか・行かないか』という視点で物を言うほかない」[2)]という指摘は重要であり，わたしもそうした視点をもって分析していくことにした。

1）綾部裕子，2003，「ソーシャルワークとコミュニケーション―分析方法の総括―」『城西国際大学紀要（人文学部）』11（2）：1-22.
2）綾部裕子，2007，「言語学・隣接分野とコミュニケーション」『城西国際大学紀要』15（2）：1-20.

ソーシャルワークにおけるコミュニケーション・モデル

　こうして，言語学の研究方法を援用しつつもソーシャルワーク研究の視点で研究を行うことの意義を確認し，あらためてデータを見直していった。その結果，面接場面（利用者と援助者）のコミュニケーションの分析と生活場面（援助者と利用者，援助者と複数の利用者，援助者同士，利用者同士，援助者と家族，援助者とほかの関連専門職などの多様な場面）のコミュニケーションの分析，記録にもとづく援助過程のコミュニケーションの分析を行い，ソーシャルワークにおけるコミュニケーション・モデルを提示した。

　このソーシャルワークのコミュニケーション・モデルは，生活場面におけるソーシャルワークのコミュニケーションとしては，「援助者」と「利用者」，「援助者同士」，さらに「利用者」と家族をはじめ利用者を取りまく「重要な人々（援助者以外）」，「援助者」とその利用者を取りまく「重要な人々（援助者以外）」との多様な関係のなかで行われるさまざまなコミュニケーション（言語・非言語コミュニケーションを含む）が，生活の場としての生活環境からの影響を受けつつ，当事者間で螺旋状になって循環しながら進んでいくことを表したモデルである。さらに，螺旋状の循環部分（1対1の個別のコミュニケーション場面）をクローズアップしてみると，コミュニケーションの参画者が相互理解（収束）にむけて，交互に情報交換をし，適宜意味を与えつつ，螺旋的な軌跡を描きながらコミュニケーションを転回しているモデルである。

　ここでは紙幅の関係で十分な紹介ができないが，上記のモデルでいうコミュニケーションの螺旋状の循環について，そのほんの一部を例示してみる。

　なお，その循環は，1対1の面接の発話単位でも面接全体の単位でも見られるとともに，複数の参加者がいる場合でも循環が見られる。とくに面接全体で見れば，開始→情報収集→支援・援助→終結という流れ（循環）によって成り立っている。

　ここでは従来，カウンセリング研究などでも数多く紹介されてきた面接

室などでの利用者―援助者という面接場面でのコミュニケーションとは異なる生活場面（利用者の生活フロア）での職員同士のコミュニケーションの場面（場面1）と職員と家族・利用者本人という三者のコミュニケーション場面（場面2）のコミュニケーションを例に，語用論を援用しての分析例の一部を紹介をしてみる。

【場面1】
　利用者Aさんが入浴日に援助者（相談員：ソーシャルワーカー）に入浴を辞退し，そのことを入浴担当の職員Yさんに連絡する廊下での場面で。

　援助者：Yさん，Aさんが明日出かけるからお風呂入りたくないんで……。
　Yさん：はい，わかりました。
　援助者：「もしアレだったら金曜にまた声かけますね」って言ってあるんで……。
　Yさん：あっ，はい。ありがとうございます。

　このように，援助者が職員Yさんに，Aさんが入浴をしたくないという要望を代弁した段階で，入浴辞退ということをYさんはそのコンテクスト（文脈）から理解し，回答している。それとともに援助者の発話が終わらないうちに，Yさんは援助者の発話の意図を理解した応答を行っている。また，ここでは援助者が「アレ」という伝達行為における結束性（cohesion）のタイプの一つである「代用」[3]を使っているが，その内容も職員は理解し，効果的な会話を展開（循環）させている。

【場面2】
　利用者Gさんに面会のため訪問した家族（Gさんの娘と姪）が，最初に

---

3) Halliday, M. A. & Hasan, R., 1976, Cohesion in English. London: Longman.

寮母室にいる援助者（相談員：ソーシャルワーカー）に挨拶に来て簡単な挨拶をした後，相談員と家族が一緒にGさんの居室にむかい，その居室内での場面（〈　〉内はわたしの補足）。

　　援助者：Gさん。
　　Gさん：はい？
　　援助者：Gさん，娘さんたちが来てくださいましたよ。
　　Gさん：ええ？
　　援助者：〈Gさんの耳元で〉娘さんとHさん〈姪〉。
　　Gさん：ああ……。
　　援助者：〈Gさんの耳元で〉姪御さん。〈Gさんがうなづくのを見ながら耳元で〉うん。来てくださったよ。どうぞ，ここに座ってもらえればいいね。〈顔を家族の方に向けて〉どうぞ。今「娘さんとHさんが来てくださったよ」って言いましたら，目が開きました。ぱっと。よかったですね。
　　娘：こられなくて。本当に……。
　　援助者：とんでもない，とんでもない。いつもありがとうございます。どうぞ，今会って差し上げてください。今，目開いていますから。
　　娘：そうですか？
　　援助者：はい。
　　娘：何か，ちょっと後でお話があるんですけれど……。
　　援助者：あ，はい。わかりました。伺います。
　　娘：この階にいらっしゃる？
　　援助者：はい，います。ここに。ですから，終わった後，声かけてください。お願いします。

　このように，援助者と家族と利用者の会話が展開（循環）し，家族がスムーズに（あまり言いにくくなく）援助者との面接をその場で依頼できたのは，援助者がところどころで家族に負担にならないよう配慮をしていた

ことが影響していると考えられる。

具体的には，援助者は丁寧さ公理[4]に沿った発話をして，家族の負担を軽くしている。たとえば，家族に腰掛けてもらうという行為について，直接的には言わず，「ここに座ってもらえればいいね」というように，利用者のことば（気持ち）として間接的に述べることで，押しつけを弱めている。しかも「いいね」ということばを使うことで，座っても座らなくてもいいという選択性を高め，より丁寧さ（ポライトネス）を高めている。

それに続けて，援助者は気配りの公理や是認の公理に沿って，家族が来たことが利用者の反応を呼び起こした（目が開いた）ということを伝えるとともに，家族が来られないことに対して，謝ろうとする発話が出そうになると，その前に，それを打ち消し，逆に「いつもありがとうございます」と述べ，やはり気配りの公理や是認の公理に沿った発話をして，家族の負担を軽くしている。

そうした発話やその後の自分たちのことよりも利用者に関心をもってもらおうと，それをお願いの形（今会って差し上げてください）で言うことによって，家族の負担をさらに軽くしている。こうしたさまざまな配慮によって，家族は援助者には負担となる面接の依頼も言いやすくなって，会話や関係形成がスムーズに展開している。

上記の例示だけではわかりにくい部分も多いが，「場面1」では援助者

4）語用論では，相手に気持ちよく会話を展開させる方策として，丁寧さ（ポライトネス）ということが言われ，Leechが丁寧さの原理を提起している。Leechによると，丁寧さの原理には，①気配りの公理，②寛大さの公理，③是認の公理，④謙遜の公理，⑤同意の公理，⑥共感の公理の六つの公理があるとされ，それぞれの内容は以下の通りである。なお，（　）の中は視点を変えた場合の捉え方である。すなわち，①の気配りの公理は，他者への負担を最小限にせよ（他者への利益を最大にせよ）ということであり，②寛大さの公理は，自己の利益を最小限にせよ（自己の負担を最大限にせよ）ということ，③是認の公理は，他者への非難は最小限にせよ（他者への賞賛を最大限にせよ）ということ，④謙遜の公理は，自己の賞賛を最小限にせよ（自己の非難を最大限にせよ）ということ，⑤同意の公理は，自己と他者との意見の不一致を最小限にせよ（自己と他者の意見の一致を最大限にせよ）ということ，⑥共感の公理は，自己と他者の反感を最小限にせよ（自己と他者の共感を最大限にせよ）ということである。

の生活場面でのコミュニケーションが会議や申し送りと同様に，重要な職員の連絡・連携の場になっていること，また「場面2」では，生活場面での家族とのコミュニケーションが利用者家族との基本的な関係形成の第一歩になっているといえる。

　それとともに，カウンセリング理論では援助者側に対するコミュニケーションのスキルが「あるべき」形として提示されることが多いといえるが，語用論などの援用による分析では，今回見たように，さまざまなコミュニケーションがどのように展開したのか，また何が望ましい展開につながったのかの分析も可能になるということである。

4　市民性の視点

　ソーシャルワークにおけるコミュニケーション分析を，そのコンテキストのなかでの発話の効力という点から分析をして，規範の部分まで踏みこんで分析・考察をした。しかし，コミュニケーション場面で「どのように言うのが理想か」という観点は，発話の効力という点から論じることができても，それだけでは制度・政策の問題へは展開しない。コミュニケーションの効力の可視化はできたが，その場面から制度・政策のあり方までつなげることはできていなかった。

　そうした点については，石川到覚が「生活支援の協働循環志向モデル」のなかで提唱していた，共通基盤としての「市民性」がキーワードになるのではないか[5]。石川は，協働循環モデルとして，援助者（専門職）と非援助者（当事者）という対置関係で構造化されていた従来の援助実践（ソーシャルワーク）の構造を，共通基盤としての市民性を土台に，専門性（専門職）と当事者性（セルフヘルプ・グループなど）と素人性（ボランティアなど）という三領域を対等に位置づけて，この三領域のもつそれぞれの固有性を認めつつ，それらの協働による福祉実践（ソーシャルワーク）を

5）石川到覚，1997，「福祉援助技術の実践的意義」，柏木昭・簑野脩一編『医療と福祉のインテグレーション』へるす出版，p.13-23．

提唱している。

　このなかで，共通基盤としての市民性ということが重要な意味をもつと考えられる。つまり，現実の課題発見において，また客観的な分析をふまえた課題解決の方向性の提示において，共通基盤としての市民性という視点をもつことがソーシャルワークの実践やソーシャルワーク研究（社会福祉学）には必要なのではないかということである。

　共通基盤としての市民性の視点を加えることで，コミュニケーション場面を通して見える生活課題が制度・政策につながっていく道筋も見えてくるように思うのである。援助者が社会福祉の「専門性に基づく介入法を多様に駆使できる」以外に「当事者性を発揮した自助活動を支援できる技術とともに，素人性を生かした日常的な生活支援が推進できるための技術を併せ持ち，市民性を高める協働が推進できる専門的な技能」[6]をもって利用者とともに実践を行うことで，政治や社会の仕組みに対して受け身になるのではなく，社会の問題を発見し，解決していく主体性を育むことにつながり，それが制度や政策の改善や新たな政策立案につながるのではないだろうか。それとともに，そうした実践を発掘し，研究・実証していくこともソーシャルワークの研究として非常に意義あることと考える。

5　コミュニケーション研究の展開にむけて

　今日，誰もが住み慣れた地域で安心してずっと住みつづけることができることを目指した地域包括ケアシステムが進められてきている。そのなかでは，地域の一つの問題，一人の個別の問題のなかに地域の問題を見出し，それを解決していく視点や展開が求められている。つまり，地域にある一つの問題（生活課題）は，同じ地域性をもつ地域では，同様の問題を抱える住民がほかにも複数あると想定されることから，一つの問題は，一人の問題ではなく，地域の問題として解決していくことが求められ，それ

6）注5）に同じ，p.21.

が地域をよりよくしていくことにつながるということである。そして，そこでは利用者も実践者も市民（住民）としての視点から，自分たちの住む地域の問題を見つけて，解決していく主体になることが求められている。

　この問題解決のスタートである一つの問題を突きつめてみれば，一つの利用者のことばであったり，利用者と援助者とのコミュニケーションの内容であったりするのではないだろうか。その意味では，まさにわたしがこだわり，目指してきた一つのコミュニケーションから制度・政策につなげる展開が今，実際に推進されてきていると捉えることもできるのではないだろうか。実際に，実践現場の援助者や経営者との共同研究では，そうした展開の様子が見受けられることが間々ある。すでに，地域での個別支援を地域の課題としてとらえ，それを地域の政策課題につなげて問題解決を図った事例なども紹介されてきている。

　そうしたなかでわたしも，コミュニケーションを基軸に展開されている豊かな実践を可視化していく研究を行いつつある。その一方で，これまで重視してきた実践現場でのコミュニケーションから制度・政策につなげるという展開に加えて，制度・政策からのことば（コミュニケーション）をどうよりよい形で実践現場，利用者に届けるかという視点からの研究も不可欠に感じ，その視点からの研究にもたずさわっている。制度や政策は，立案されればそれで終わりではなく，どう運用されるか，どう支援として展開されるかということがより重要だといえるからである。

　結論的にいえば，実践現場からのコミュニケーションの展開と制度・政策から発信されるコミュニケーションの双方の実践とその可視化のための研究の充実が求められているのだろう。ことばには力があるといわれる。「私の仕事は『言葉を行為に変えることができるか』という問題に直面しています。言葉には忍耐力があり，言葉は待ってくれています。つまり実際の行為に変わるのを待っていてくれるのです。しかし，言葉はその力を信じられていません。知識人や文化，芸術に携わる人たちが，もっと言葉を使って表現してほしいと願っています」[7]という文を見つけた。「言葉は待っていてくれる」ということばを信じて，それを行為にしていけるよう

な研究を利用者（住民）の方たち，実践現場の方たち，政策立案にかかわる方たちとともに行っていきたい。

〈参考文献〉

J. L. オースティン，1978，『言語と行為』坂本百大訳，大修館.

ルイーズ，C., ジョンソン，ステファン，J. ヤンカ，2004，『ジェネラリスト・ソーシャルワーク』山辺朗子・岩間伸之訳，ミネルヴァ書房.

泉子・K・メイナード，1993，『会話分析』くろしお出版.

---

7) 宇佐美まゆみ，1997，『言葉は社会を変えられる—21世紀の多文化共生社会に向けて—』明石書店，p.89-90.

ピアサポート支援の研究

坂本　智代枝

1　ピアサポートとの関わり

ピアサポートの魅力

　わたしが精神障害者のピアサポートに関心をもったのは，大学生時代にさかのぼる。精神科病院へ何度か実習に行き，患者同士が語り合う場面を目の当たりにして，専門職の立場では計りしれない「わかり合える世界」があることを知り，魅力を感じたことが原点であった。セルフヘルプ・グループの当事者から体験を聴くというユニークな授業[1]を聴講したことも大きく影響している。今から思えば，その時に「当事者の体験」から学ぶという土台がつくられたのではないかと思う。

　大学院の修士課程を修了して精神科ソーシャルワーカーになってからは，ピアサポートとさらに深い関わりをもつようになった。精神障害者の地域生活支援活動を全国的に先駆けて実践している「やどかりの里」では，「爽風会」というグループ活動を通して「仲間づくり」が行われてい

1）久保紘章，2004，『セルフヘルプ・グループ―当事者へのまなざし―』相川書房．

た。「ミーティング」を基本にして，スポーツやレクリエーション，合宿などの行事をメンバーが主体となって活動していた。わたしはグループ担当者になり，「メンバーがお師匠さん」という先輩のことば通り，メンバーに育ててもらった。公的な宿泊施設などを活用して寝食をともにして絆を高め合う3泊4日の合宿を毎月のように行った。そこではプログラムの計画から実施，振り返りまで，話し合いながら決めていき，そのプロセスはじつに「ピアサポート」の土壌が耕される場面であった。

日常生活のなかでもメンバー同士の支え合いが築かれていた。グループホームの仲間同士の支え合いや退院してくるメンバーの引っ越しの手伝い，「食事会」など，グループ活動の仲間づくりから地域生活のなかで仲間同士の支え合いが培われるようになっていった。

そうした時にわたしがつねに意識していたのは，「メンバーにとってグループ担当者であるわたしの存在はどのような意味があるのか」ということだった。グループ活動が終わるとメンバーに「どうだったのか」と聞いてみると，「あれは余計なお世話だった」「あれは僕たちにまかせてほしかった」などの発言があって，気づかされることが多々あった。メンバーから教えてもらったことを日々見直し，実践することで成長できたように思う。

また地域生活支援のなかで，メンバーに関わりすぎることで，仲間同士の支え合い，「ピアサポート」を阻害しているのではないだろうかと感じることも多々あった。「ピアサポート」を促進する土壌や環境をメンバーとともにつくることが必要だと考えていた。

ピアサポートの調査研究

こうした問題意識があって，大学教育にたずさわるようになってからは地域のピアサポートの調査研究を行い，ピアサポートの有効性と実践，取り巻く課題を研究してきた。そこでは「ピアサポート独自の役割と有効性」「当事者が『支援者』としての役割をもつこと」「ピアサポート活動の支援環境の課題」について検討した。さらに，ピアサポートの支援内容の

特徴について「体験からの知恵や価値，スキル，情報が活かされていること」「仲間の体験が生きるための『物差し』であること」として，ピアサポートが当事者に対してどのような効果を与えているのか具体的な有効性を明らかにした[2]。とりわけ地域生活支援活動において，日常生活支援活動を当事者であるピアスタッフが担っているある法人のピアスタッフと専門職それぞれにグループインタビューを実施し，ピアサポートの活動における実践課題[3]を明らかにした。

そうしたなかでピアサポーターの支援を精神保健福祉士が行っていること，その支援が模索しながらの実践であることが明らかになり，指針（ガイド）となるものが必要であると考えたのである。

2　質的研究法によるアプローチ

修正版グラウンデッド・セオリー・アプローチ（M-GTA）

そこで，ピアサポーターを支援する精神保健福祉士に焦点をあてて，質的研究方法の一つである修正版グラウンデッド・セオリー・アプローチ（M-GTA）を用いて，実践から指針となるような理論化を研究することにした。

M-GTA を採用する理由は，きわめて限定的な特定領域あるいは経験的な領域のためにデータに密着した理論を採用することで詳細に説明できるからである。その特徴は，①行動の予測と説明が可能になること，②理論的前進になること，③実際的応用に役立つこと，④行動に関するパースペクティブであること，⑤特定の領域であることである[4]。

2）坂本智代枝，2007，「精神障害者のピアサポートの有効性の検討―当事者自立支援員のグループインタビューを通して―」『大正大学研究紀要』92：314-301．
3）坂本智代枝，2008，「精神障害者のピアサポート活動におけるエンパワメントの条件に関する研究―グループインタビューにおける複合分析を通して―」『鴨台社会福祉学論集』17：41-52．
4）Glaser, B, G. & Stfauss, A. L., 1965, The Discovery of Grounded Theory.（＝後藤隆他訳，1996，『データ対話型理論の発見―調査からいかに理論をうみだすか―』新曜社）

M-GTA の特徴はワークシートを作成して，分析プロセスを説明可能な形にすること，データを切片化してラベル化するのではなく，文脈性を重視して解釈するところにある。そのため，木下康仁は「研究する人間」という視点を導入し，研究する者が何を目的に，なぜその研究を行うのかという研究の意味を問うプロセスを重視する[5]。

　「研究する人間」とは，質的研究における理論生成志向を読み取るための解釈のセンスや切れ味をもたらす理論的センシティビティの能力を身につけるということである。つまり，「研究する人間」の問題意識やリサーチ・クエスチョンが重要であり，研究者と研究協力者，分析焦点者と研究者，研究結果を応用する者と研究者の人間的な相互関係性において，データの解釈を行う主体として「研究する人間」を位置づけるということである。

現象特性

　現象特性とは，ソーシャルワークなどのヒューマンサービス分野の研究対象を横断する，純粋な「うごき」としての特性であるとして，動態的説明理論の重要な要素となっている[6]。

　精神障害者のピアサポート活動は，背景にスーパービジョンやコーディネーターなど，支援する精神保健福祉士の実践があることはわかっているが，そこではどのような実践が行われているのかは明らかにはされていない[7]。そこには精神保健福祉士とピアサポーターらの社会的相互作用が存在しているが，その「うごき」の現象を明らかにすることは，今後のピアサポートの実践やピアサポーターを支援する精神保健福祉士の実践に役立つエビデンスを生成することができるのではないかと考えている。

　さらに，「うごき」の特徴を明確にすることは，類似した現象を探求す

5）木下康仁，2003，『グラウンデッド・セオリー・アプローチの実践―質的研究への誘い―』弘文堂，p.150-151.
6）注5）に同じ，p.30-34.
7）坂本智代枝，2008，「精神障害者のピアサポートにおける実践課題―日本と欧米の文献検討を通して―」『高知女子大学紀要　社会福祉学部編』57：67-79.

ることや応用することで，より説明可能な理論生成を構築することができるのである。それには，データから浮かびあがる「うごき」の特徴とは何かという問いをつねにもつ必要がある。

　この研究で想像できる現象特性は，視覚障害のあるマラソンランナーとともに走る伴走者の経験に似ているのではないだろうか。ランナーも伴走者も同じゴールを目指すが，ランナーのペース配分に一本のたすきの力加減によって対応する伴走者の力量が問われている。ペースが速すぎて引っ張っても危険であるし，伴走者のペースが遅くなってもかえってランナーの力を阻害してしまう。ランナーと伴走者は対話しながら，ほどよい速度を見出し歩調を合わせて走ることが必要になる。

　この時の主役はマラソンランナーであるが，より記録を伸ばすためにはアシストする伴走者の役割が重要となる。つまり，この「うごき」の特徴を説明できる理論と類似した実践を理論化するときに汎用することができるのではないかと考える。

分析テーマの絞込み

　M-GTA で取り扱う分析テーマは，リサーチ・クエスチョンをそのままあてはめるのではなく，研究テーマに照らし合わせながらも収集されたデータに密着して設定する必要がある。つまり，収集されたデータから何が語られているのか読み込み，「研究する人間」と対話するのである。

　データを収集する前は，「精神障害者のピアサポーターを支援する精神保健福祉士が，どのような役割を担っているのか」という分析テーマを暫定的に設定した。しかし，収集したデータを読んでいくうちに，「役割」ということよりも「複雑な状況の中で戸惑い，葛藤しながらもピアサポーターと対話しながら取り組むことで成長していく」姿が見えてきたのである。そこで，分析テーマを「精神保健福祉士がピアサポーターを支援する経験を通して成長するプロセス」とした。

　そこでのリサーチ・クエスチョンは，精神保健福祉士の経験とはどのようなプロセスがあるのか，精神保健福祉士の成長にどのようなことが影響

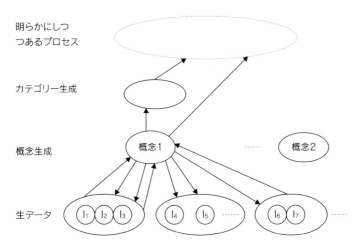

図1 概念生成モデル（木下，2003）

しているのか，ということに焦点をあてて分析することにした。

分析ワークシートの使い方（中心的概念）

　分析は，分析テーマに沿ってデータのなかでも「理論的サンプリング」といわれるディテールの豊富なデータから中心に読み込み，まず図1の通り，中心となる分析テーマの中心（コア）を示す概念を分析ワークシート（表1）にもとづいて抽出した。コアになる概念にたどりつくまでには，データを何度も読み込み，中心となる「うごき」の現象は何かという問いを追いかける作業をする。そこから類似例や対極例を検討して，考えたことや気づいたことを「理論的メモ」として記述していくのである。

　コアとなる概念を中心にどのようなプロセスをたどるのか，コアな概念に関連するデータを探す作業を繰り返していく。それと並行して概念を作成しながら付箋紙などで関係図を作成していくと，概念のまとまりということよりも，「うごき」のまとまりが浮きあがって見えてくる。「うごき」が躍動的であればあるほど，新しい知見として説明できる理論生成となる。

表 1　分析ワークシートの例（中心的概念）

【概念名】　　省察作業
【定義】 　精神保健福祉士が，つねに自身の実践を振りかえり，専門職の価値判断でピアサポーターを操作することを点検することで，精神保健福祉士の価値観や役割を柔軟に修正することである。
【ヴァリエーション（具体例）】 　支援者側の頭の整理じゃないですかね。何せ，支援者側の頭の整理がないと，絶対，支援者が引っ張っていったりとか，支援者の思い入れがあったりとか，支援者がやってしまうっていうか，当事者がやってるんですって言いながら，結局支援者の自己実現のためにそれを使ってたりとか，これは自分にも戒めてることですけれど，当事者が言っておられるんですとかね，当事者が望んでおられるからこれでいいんですって，それでいいのかっていうのが。
【理論的メモ】 　省察作業を怠ると知らず知らずに〈肩代わり〉〈手放し〉のところに至ってしまうことがある。それは，当事者がピアサポーターの役割を担ううえで時に〈不確実さへの対応〉を迫られることがあるため，個別に対応するなかで対極な状況にも陥ることがあることが語られていた。
【対極例】 　もう，そんなんピアサポートなん関係ないっていって，すごい離れてて，そんなんもうぜんぜん関係なくて遠くからサポートする人もいますよね。それって一番楽かなと思いますけど。〈手放し〉の概念

　分析しながら，さらにデータを収集し継続して比較検討していった。概念生成と分析ワークシートの作成を繰り返し，カテゴリーを生成して結果図を繰り返し修正していった。その間，研究協力者のなかでもっとも注目したデータの調査協力者 6 名に途中の研究結果を報告し，コメントをもらった。その結果，全体的には受け入れられるものの，「ピアサポーターによっても支援の内容が異なる」などの意見を受けた。いくつかの概念名に違和感があるとのコメントがあった。そこで，再度データに立ち戻り，概念生成を繰り返し行った。研究協力者からフィードバックをもらうことにより，よりデータに密着した理論としての概念生成と精度を上げていく

のである。

3 精神保健福祉士が成長するプロセス

分析の結果,以下のようなストーリーライン(全体像)を生成した。なお,概念は〈 〉,カテゴリーは【 】,コアカテゴリーとカテゴリー内の中心となる概念は下線で示し,すべてゴシック体にしている。

〇全体のストーリーライン

> 精神保健福祉士がピアサポーターを支援する経験を通して成長するプロセスとは,【自己省察機能の確立】へとむかうプロセスであった。精神保健福祉士がピアサポーターを支援する経験とは,【発掘作業】に取り組み,【二人三脚の環境整備】を経て,【経験の蓄積化】に至るプロセスであった。その経験のなかで精神保健福祉士は〈不確実さへの対応〉を求められ,【自己省察機能の確立】を経て成長していた。しかし,精神保健福祉士が〈不確実さへの対応〉から【自己省察機能の確立】に至らず,【離脱による問題解決】に至ってしまうこともあった。しかし,そこから再び【自己省察機能の確立】に立ち戻り,【発掘作業】に取り組み【二人三脚の環境整備】を経て【経験の蓄積化】に至っていた。

このプロセスにおいて,とくに注目すべきカテゴリーは以下の2点である。

第1は,コアカテゴリーの【自己省察機能の確立】である。このプロセスは,精神保健福祉士がピアサポーターを支援する経験のなかで,ピアサポーターの役割や役割遂行に対して〈不確実さへの対応〉を迫られ,それを契機に〈葛藤に向き合う〉ことを通して,〈省察作業〉を経て,精神保健福祉士の〈立ち位置の明確化〉に至っていた。

これは精神保健福祉士がピアサポーターの支援の有効性に共感し，パートナーとしてピアサポーターを支援するなかで，ピアサポーターの抱える課題に出会い，その課題解決にむけて精神保健福祉士の葛藤に向き合うとき，自己の実践を振り返ることによって，それに対する姿勢や価値観を修正して実践の方向性をリニューアルするプロセスである。

　第2は，【自己省察機能の確立】を経ていくことと相互に影響し合いながら，【経験の蓄積化】に至るプロセスを見出すことができたことである。

　ピアサポーターと共通の目的にむかう過程で，支援者の価値観を押しつけないように意識して〈引っ張らない〉実践をしていた。それはピアサポーターの〈主体性の醸成〉が基点となり，支援という見えないものへの不安定さから発生する専門職の〈下請けから脱却させる〉ことを経て，ピアサポーターを〈チームメンバーとして認識する〉ことで，【経験の蓄積化】に至るプロセスである。

　全体像をふまえて強調しておきたい点として，精神保健福祉士は【自己省察機能の確立】を経ることでより大きく成長する点である。それには，ピアサポーターを支援する経験を繰り返し展開するなかで，【経験の蓄積化】に至ることが重要である。つまり，経験を螺旋的に繰り返すことで，精神保健福祉士は大きく成長するのである。

二人三脚の環境整備

　この研究において生成した【二人三脚の環境整備】は，ジェームス・ウィッタカーらの「人―環境のソーシャルワーク」の実践モデル[8]と共通している。これは「人」のみに援助の焦点をおくのではなく，「環境における人」に焦点をあてることを強調していることが特徴である。

　1つには，精神保健福祉士がピアサポーターと〈伴走する〉ことを基本においている点である。2つ目は，〈会議運営の支援〉や〈スキルの提供〉〈ピア・スーパービジョンのセッティング〉など精神保健福祉士がもって

---

8) Kemp S. P., Whitakar. J., Tracy E. M., 1997, Person-Environment Practice. （＝横山譲他訳，2000，『人―環境のソーシャルワーク実践』川島書店）

いる知識や技術をコンサルタントとしてピアサポーターを支援している点である。3つ目は、ピアサポーターや組織など直接援助を中心としたソーシャルワークから範囲を拡大している点である。4つ目は、精神保健福祉士がピアサポーターを「援助の与え手」として力を発揮できるように支援している点である。5つ目は、ピアサポーターが経験したことから学ぶことに焦点をあてている点である。

さらに「人―環境のソーシャルワーク」が従来のソーシャルワーク実践理論とは異なる点として、「環境アセスメントおよび介入の定義の拡大」「統合的な直接実践でありながら、集合的なソーシャルアクションとの関連性を明確にしている」点、「近隣レベルまで守備範囲を拡大」している点、「クリティカルな省察を重視し、環境がクライエントに与える影響を理解するために、ナラティブ・アプローチの活用を含めている」点、「ソーシャルネットワークに関するアセスメントと介入の双方に焦点化する」点があげられている[9]。

この研究のコアカテゴリーである【自己省察機能の確立】は、「クリティカルな省察を重視すること」とピアサポーターの「ナラティブを重視する点」において共通している。このように本研究で得られた「精神保健福祉士がピアサポーターを支援する経験」のプロセスは、「人―環境のソーシャルワーク」の実践モデルから示唆を得ることができるのである。

【自己省察機能の確立】とソーシャルワーク実践

坪上宏は、社会福祉実践における「援助関係は、循環的性質をもつ関係をその基本とするが、その循環的関係にあっては、援助者自身の問題を避けて通ることはできない」と述べている[10]。坪上の言う「循環的関係」とは、「援助に当たっての自分の関心・都合にもとづく言動が、相手の関心、都合によるゲシュタルトにどう位置づけられているのか」[11]を知って

---

9) 注8) に同じ, p.14-16.
10) 坪上宏, 1984,「援助関係論」, 中村優一・小松源助編『講座社会福祉5 社会福祉実践の方法と技術』有斐閣, p.106.

見直そうとすることである。逆に「一方的関係」とは，「自分の関心・都合によるゲシュタルトによって被援助者（相手）の状況をとらえ，それにもとづいて相手に働きかける」[12]こととしている。さらに，「相互的関係」とは，「援助者も被援助者も，それぞれ自分の関心・都合によるゲシュタルトによって，お互いに相手をとらえ，働きかけ合う」こととしている。危機介入を含め，従来のソーシャルワークにおける援助活動は，「相互的関係」と「一方的関係」の援助関係で成り立っていることが多かった。しかし，援助関係の理念型は，「循環的関係」であると強調している[13]。

　本研究においても精神保健福祉士は，ピアサポーターとその環境の都合に関心を寄せて，〈伴走する〉ための支援方法を検討して働きかけていた。一方で，精神保健福祉士は，ピアサポーターの置かれている環境の複雑さのあまり，困惑してしまうこともあった。しかし，精神保健福祉士は，〈省察作業〉によってリニューアルしていくことを繰り返すことによって成長していくという【自己省察機能の確立】プロセスを示すことができた。

　本研究におけるオリジナルな点は，これまで理念型としての「循環的関係」は論じられてきたが，そこにどのような相互関係があるのか，どのようなプロセス性があるのかを，ストーリーラインに示したように説明可能な具体的な理論として生成することができたことである。

循環する研究を目指して

　現在，ピアサポート活動は制度にも取り入れられ，精神障害者を支援するソーシャルワーク実践では欠かせないものになっている。しかし，かならずしもピアサポーターの実践を含むピアサポート活動の環境が整っているとは言えない[14]。そこで，この研究で生成された理論を活用可能な理

11）注10）に同じ，p.100.
12）注10）に同じ，p.100.
13）注10）に同じ，p.103.
14）注7）に同じ.

論に精度を上げていく必要がある。今後の課題は，実践から理論へ，理論から実践へと循環する研究の展開をすることである。

〈参考文献〉

谷中輝雄，1996,『生活支援―精神障害者生活支援の理念と方法―』やどかり出版.
久保紘章，2004,『セルフヘルプ・グループ―当事者へのまなざし―』相川書房.

プロシューマーのポジション研究

相 川 章 子

1　当事者主体とは

　わたしは大学卒業後，病院や保健所のデイケアをはじめ，グループホームや作業所など地域におけるさまざまな社会資源のなかで，精神障害者の地域生活支援に関わってきた。そして，ソーシャルワーカーとしての実践経験を重ねるなかで，「当事者主体」を大切な価値として認識するようになっていった。
　ある地方の地域生活支援センターの立ち上げ準備でのこと。その地域には「ネットワーク会議」と総称される会議が階層的・重層的に存在していた。重層的になればなるほど利用者の声が遠くなり，見えなくなるような感覚に陥った。それぞれの会議スタッフの発言の根底にそれぞれの利用者との関わりがあり，その思いを背負っていることは十分に感じていたが，違和感は拭えなかった。ふと，「当事者主体とは？」という問いがわたしを覆った。
　「当事者」とは，精神障害のある本人であり，家族であり，専門職でもあり，そして地域の住民である。どのような地域生活支援センターが必要

か，今，満たされていないニーズは何か，何があればもっと豊かな暮らしになるのか，いまだサービスが届いていないところにどのようにしたらサービスが届くのか……。

それらのことを知るために，「センターおこし隊」なるものを結成し，地域内の作業所まわりをして利用者のニーズ調査を行った。地域住民へ開かれた会議を何度も重ねた。当事者参加型のプロセスを重視し，共に作り上げていくセンターを目指したのである。

しかし，結果的には経済的事情が大きく影響し，利用者の声は聴いたものの，実現可能性とのせめぎあいのなかで，徐々に「当事者」よりも行政との交渉を続ける経営側の決定による方針のもとで運営を余儀なくされることとなった。「当事者主体」を具現化し，実行していくことのむずかしさを痛感した。

この過程で，準備から立ち上げまで，そして立ち上げてからも共に歩んだのが，後に「当事者スタッフ」となったOさんだった。

立ち上げまでの準備の間，激務にもかかわらず，「センターおこし隊」メンバーと一緒に進めていく地盤を彼が作っていった。そして無認可ながらもセンターを立ち上げ，Oさんとわたしの二人三脚でスタートした。

ところが，スタッフとなったOさんが次第に休むようになった。はじめは3日，次は1週間，その次は2週間と徐々に休む期間は長くなり，結果的にOさんは辞めることとなった。

あれほど元気に，当事者スタッフとして生き生きとしていた彼が，次第に元気がなくなっていったのはなぜだったのか？　たんに再発したということでは決してない。要因は就労環境ではないか？　共に歩んでいたつもりだったのはわたしだけだったのかもしれない。

当事者主体をかかげて意気揚々と始めた活動だったが，当事者スタッフが元気がなくなったことは，わたしのなかで「しこり」のように残ったのである。

2　プロシューマー研究の道程

キーワードはプロシューマー

　「当事者スタッフ」，それは「プロシューマー」とも「ピアスペシャリスト」とも呼ばれている。Oさんのことで残ったわたしの「しこり」には，精神保健福祉システム全体が抱える多くの課題が見え隠れしているように思えてならなかった。しかしその一方で，当事者スタッフにはこれらを変革する多くの可能性も感じていた。

　なぜ彼はつぶれてしまったのか，見え隠れするシステム全体の課題は何か，漠然とではあるが感じた変革の可能性とは何かを整理し，明らかにしたくなり，わたしは研究の道に進むことになった。

　まずは先行研究の探索を始めた。日本においてはすでに地域活動支援センターや就労支援，居住支援などさまざまな事業のなかでプロシューマーは活動しており，彼らの呼称に統一されたものはなく，「当事者スタッフ」「メンバースタッフ」「ピアスタッフ」「ピアサポーター」などさまざまな呼称が使用されていた。加えて，日本においてはこれらに関する先行研究はなく途方に暮れた。

　欧米諸国の文献を探ると，"peer specialist"，"consumer initiative"，"consumer driven"などさまざまなキーワードがあることがわかり，セルフヘルプ，エンパワメント，ストレングス，リカバリーなどの既存の概念との関連性も見えてきた。先行研究の探索から「プロシューマー」ということばをキーワードに定めることにした。

　プロシューマー（prosumer）とは，生産者（producer）と消費者（consumer）を組み合わせた造語で，社会福祉の領域でいえば，受け手でありかつ送り手でもある人ということになる。支援の受け手から送り手へと変遷する過程で何が起きているのか？　そして，そのなかで元気になっていくプロシューマーもいれば，つぶれてしまうプロシューマーもいるのはなぜか？　何が違うのか？　それを実証的に明らかにすることが研究目

的となった。

プロシューマーの生の語り

「プロシューマー」は全国的に増えてきているとはいえ，量的調査ができるほど人数がいなかったため，フィールドワークとインタビュー調査で質的な分析を行うことは概ね決まっていた。インタビューを繰り返し，プロシューマーの生の語りにのめり込んでいった。それらのなかにはピアスタッフとしての葛藤の語りが数多くあった。

「メンバーでもないし，かといってスタッフでもない。どっちでもないんでしょうね。悲しいかな」

「ケツの座りが悪いですよ。いつまでたってもそれはかわらないですね」

「これまでずっと相談にのってくれていたスタッフからある時，スタッフにならないかと声をかけられた。とても嬉しかった。いざ始まると，見えない期待に押しつぶされそうになっていった。これまで相談していたけど，相談もしづらくなってしまった」

「ピアスタッフにしかできない面接をしなくっちゃとか，ピアスタッフにしかできないことをしなくちゃ，と肩に力が入っていた。でも，ある時から自分は自分，自分らしい関わりをしようと思えるようになった」

なぜつぶれてしまったのだろうか，というわたしの問いが晴れていくような語りが得られ，「葛藤」の語りにのめり込んでいった。ただし，インタビューを重ねていけばいくほど，研究目的をどのように明らかにしていくのか，その方向性が見えなくなってしまった。

アメリカでの調査

研究の方向性を照らしてくれたのは，アメリカのピアスペシャリストと

の出会いだった。

　大学勤務7年目に半年間，特別研究期間を取得し，プロシューマーの実践が先行しているアメリカのウィスコンシン州デーン郡マディソンを中心に，カリフォルニア州ロングビーチ，バークレイ，コロラド州ボルダー，ワシントン州シアトル，ジョージア州アトランタへと，ピアスペシャリストを求めて渡り歩いた。

　「ピアスペシャリストになって180度人生が変わったの」
　「今は本当にハッピーよ！」
と語り，生き生きと働くピアスペシャリストたち。ジョージア州で始まった認定ピアスペシャリスト制度は10年目を迎えていた。この制度は，精神疾患または障害のある当事者もしくは家族が，人生経験を活かしてコンシューマー（利用者）のリカバリーに寄与する新たな専門職制度で，2000年にジョージア州で州認定制度として創設され，現在30州を超える州が制度化している。

　その後，わたしはワシントン州立大学の図書館にこもり，アメリカにおけるプロシューマーに関する文献を調べていった。するとそこには，三つの概念的背景があることが浮かび上がってきた。それは「セルフヘルプ」「権利擁護」「就労・働く」で，この三つの系譜すべての理論的基盤に「リカバリー」があることがわかった。リカバリーはプロシューマーを論じるうえで最も重要なキーワードであった。

　サービスの受け手である当事者がサービスの送り手となり，精神保健福祉システムにおける新たな職種として位置づくことにより，サービスシステムのなかの関係性が変化する可能性があることが明らかになった。「支援（抑圧）するもの―されるもの」という二元論的なサービスシステムのなかで，プロシューマーは「新たな世界観」を作り出す「境界の地」という「ポジション」を創造する可能性を有し，そのポジションが位置づいたときに，はじめてその固有性を活かす自由度をもつのである。

3　ポジション論から見たプロシューマー研究

ポジション理論とポジション分析

　プロシューマーの構造解明には「ポジション理論」での論証が有効である。

　溝上慎一は,「個人の中におけるポジション同士の結合が心理現象の意味を作り上げているのであり, 結合されたポジションをとおしてその心理現象に関わる文脈が見えてくる」とし,「ポジション同士の結合が意味をつくる」という考え方を「ポジション理論」とした[1]。

　これは「経験」の語りを通して, 彼らの意味世界に迫ることが可能な理論である。「経験」とは意味を付与し現実を作り上げていく過程であり, 文化実践が個人の内界に「経験」を構築するとする社会構築主義の考え方を基礎に据えている。

　この理論にもとづき, プロシューマーの受け手でありかつ送り手であるとする二重性について, 受け手・送り手それぞれを「ポジション」と捉え, それぞれのポジションに, それぞれの文化があると仮定した。そして, プロシューマーが経験している葛藤を立場の変化による"不安定性"と捉え, その媒体「環境」や自分自身との相互作用などを構造変化の過程として捉えた。

　溝上の提唱するポジション理論では, プロシューマー自身にとってのプロシューマー・ポジションの意味づけは, プロシューマーの文脈が垣間見えるポジション（プロシューマー・ポジション）と, そこにおかれる他のポジションとの結合関係を見ればよい。プロシューマー・ポジションと他のポジションの結合のありさまを見ることによって, プロシューマー固有の文脈に迫ることができる。すなわちそれはプロシューマー固有の意味構造を明らかにすることと考えられる。

1）溝上慎一, 2001,『大学生の自己と生き方―大学生固有の意味世界に迫る大学生心理学―』ナカニシヤ出版.

ポジション理論にもとづいた実証的作業である「ポジション分析」を応用させて，コンシューマー・ポジション，プロバイダー・ポジション，そしてプロシューマー・ポジションの三つのポジションで，それぞれの語りとその結合状況に着目した。

「コンシューマー・ポジション」とは，インフォーマントが，サービスの受け手もしくは利用者である，病や障害を経験しているとする「コンシューマー」としてのポジションのことを示す。たとえば，「利用者だった『私』」「障害のあることを恥ずかしいと思う『私』」などである。

「プロバイダー・ポジション」とは，インフォーマントが，サービスの送り手もしくは職員であるとする「プロバイダー」としてのポジションのことを示す。たとえば，「スタッフである『私』」「責任を果たさなければならないと思う『私』」などである。

「プロシューマー・ポジション」とは，インフォーマントが，サービスの受け手でありかつ送り手であるとする両方の立場であることを捉えたところのポジションのことを示す。たとえば，「利用者だからこそスタッフをしている『私』」「経験を活かして意味のある仕事をしている『私』」などである。

それぞれのポジションは，語りの文脈のなかで生成，もしくは消失する場合がある。また，それぞれのポジション間が結合されると，そこに意味が生成され，また分離されるとそこには意味が生成されず，もしくは消失する。

プロシューマーの語りに見られる《葛藤》は，アメリカでの調査と同様に，大きく《ポジションによる葛藤》《関係性による葛藤》《役割による葛藤》の3点のカテゴリーに整理できた。

《ポジションによる葛藤》は，スタッフであり，かつコンシューマーであるという二つのポジションの両方に位置づくことからくる葛藤である。《ポジションのあいまいさ》《ポジション間を揺れ動く》があげられる。

《関係性による葛藤》には，さらに《スタッフとの葛藤》と《コンシューマーとの葛藤》《社会的葛藤》があげられる。

《役割による葛藤》では，《役割のあいまいさ》《あいまいな役割期待》があげられる。

【事例 1】
　プロシューマーは，スタッフとして雇用された瞬間から，サービスの受け手であると同時にサービスの送り手であるという，二つのポジションを同時に得ることになる。以下の「語り①，②」では，彼らはスタッフでもありメンバー（利用者）でもあると同時に，〈少し違うスタッフ〉であり〈少し違うメンバー〉とも見られ，孤立感を抱いている時間があったことを語っている。自分がスタッフなのか，メンバーなのかと問いつづけるのである。

　①「考えた時に半々ぐらいかなと。プロとしてやってる自分と，プロシューマーというか，病気をもっているということを認めた自分を考えたら半々ですけど。でも，仕事をしはじめて，やっぱり助かってるし，わたしがこういうこと言ってたら，やっぱり病気のせいで変なこと言ってるんだわみたいに見てるんじゃないかしらっていう，自分のなかでの不安な気持ちを克服できるまでに時間はかかりました」
　②「スタッフでありメンバーであるということが一番むずかしかった。たぶんまわりの人は，自分たちとは違うメンバーだと思っていたと思う。そしてスタッフからも少し違うスタッフだと思われていたと思う。それはよいこともあり，悪いこともあり両方あった」

　②は，コンシューマー・ポジションでは，メンバーからもスタッフからも，他のメンバーとは違うと思われていることに気づく『私』が存在する。そして一方，プロバイダー・ポジションでは，メンバーからもスタッフからも他のスタッフとは違うと思われていることに気づく『私』が存在する。プロシューマーとしてあいまいな立場のなかでむずかしいと感じる『私』が存在し，それぞれのポジションはこのプロシューマー・ポジショ

ンとは結合し意味を生成している。

　しかし，コンシューマー・ポジションとプロバイダー・ポジションの間は結合せず，意味が生成されない。あいまいなポジションのなかで，《ポジション葛藤》が生成されていった文脈の事例である。

【事例2】

　次の「語り③」は，39歳ではじめて精神科を受診し，二度の入院を経験した人である。その間，精神障害のある仲間の支援も受け，そのことで助けられた経験をもつ。その後，トレーニングセンターでプロシューマーとしてのトレーニングを受けた後，クラスで出会ったメンター（助言者）から，そのクラスのファシリテーターとして声をかけられ，プロシューマーとしての道を歩みはじめている。

　　③「しばらく無職でいました。なぜならば，自分のスキルと経歴に合うような仕事が見つからなかったから。（これまでの経験が）全部つながっていると思います。グループを教えること（ファシリテーター）もピアサポートスペシャリストの講義で教えることも。教える時に，ある意味では内容を教えることになりますし，ある意味ではある情報を提示しているということでもあるし，成人が学習するという時には，自分たちの今までの経験を分かち合うという部分があるので，みなさんをその分かち合いのなかに引き込むという意味では，ファシリテーターの役割というのもあるんです。全部が混ざっているんです」

　③の例では，コンシューマー・ポジションでは，コンシューマーとして経験をしてきたことやその後プロシューマーとしてのトレーニングを受けて身につけてきたスキルをもっているところの「自分のスキルと経歴に合う仕事がしたい『私』」が，これまでのさまざまな経験を活かした仕事が見つかり，さらにそれらの経験を互いに分かち合うことに引き込むことができる『私』が結合し，意味を生成している。

経験を活かしたいと思っていた『私』が活かせる仕事を見出していくことで,「自分は意味のある仕事をしている」と感じる『私』がいる。その『私』が自らの経験を開示するのは, 他の専門職とは異なる, プロシューマーならではの機能であると語っている。

これらの三ポジションの結合が「やりがい」生成の文脈を意味づけるパターンである。そして「経験」によりプロシューマー・ポジションを生成・確立することで, 次なる「経験」との相互作用を生成しているといえる。

プロシューマーの力動的構造とプロシューマー・ポジションの生成

プロシューマーは, これまでのサービスの「受け手」「送り手」の二者で構成されているサービスシステムのなかで,「どちらでもあり」「どちらでもない」という《ポジション葛藤》を抱きながら, その二つのポジション間を行き来する自由度をもつ。《ポジション葛藤》を超えたところに, これまでのシステムにはない新たなプロシューマー・ポジションを生成, 獲得していくプロセスが見られた。

《ポジション葛藤》を経ることによって, 不全感の残らない, より自分らしいプロシューマー・アイデンティティを形成し, 自由度のある可変力動的なプロシューマー・ポジションを創造していくことができると捉えることができる。

この主体的な位置どりの過程は, 同時に, 本来の力を取り戻していくエンパワーの過程でもある。《葛藤》によって, プロシューマー・ポジションの生成および確立が見られ, プロシューマー・ポジションの確立はプロシューマーの構造変化であり, 社会的状況との相互作用のなかで循環的に構造変化を繰り返すといえる。

これまで二元論のなかで固定的なポジションと考えられ, 送り手から受け手へと支援を提供する線形的なサービスシステムのあり方から, ポジション間を自由に行き来するプロシューマーの存在により, 多元的で力動的な関係性を構築し, サービスの受け手でありかつ送り手である存在を媒介

に，サービスが循環する新たなシステムの構築へと変革の可能性をもつといえるのである。

　11年の経歴をもつプロシューマーは，「これまでのシステムがいったん崩壊して新しいものができた，という感じ」と語った。

4　循環的支援関係から協働へ

　さて，このプロシューマー導入の前提となる条件はどのようなものだろうか。アメリカでのピアスペシャリストの語りを検討すると，①採用方法および条件の明確化，②複数配置，③役割および責任の明確化，④仕事量と収入，⑤プロシューマー固有の研修，⑥スーパービジョン体制の整備，⑦リカバリー志向のチームづくり，の 7 点が整理できた。これらは Salzer の「利用者提供サービスのベストプラクティスガイドラインの項目」と概ね合致するものである[2]。

　これらはすべて社会的環境要件であることがわかる。つまり，プロシューマーが専門職および利用者と協働関係を構築していくためには，採用方法をはじめとする社会的環境要件を整備することが重要といえる。

　これまでの支援関係は，「支援する人―される人」の一方向的線形的関係であった。とりわけ精神保健福祉領域においては，「保護する人―される人」「拘束する人―される人」「自由を剥奪する人―剥奪される人」「鍵をかける人―かけられる人」「管理する人―される人」「世話する人―される人」の関係性ということができる[3]。プロシューマーの存在は，すなわちこれらの固定的な関係性からの脱却を余儀なくされる。プロシューマー

---

2 ）Salzer, M., 2002, Consumer-delivered services as a best practice in mental health care delivery and the development of practice guidelines, American Journal of Psychiatric Rehabilitation, 6：355-82.
3 ）門屋充郎，2011，「『ピアサポーター』から見える新しい『支援』の関係性」『リカバリー全国フォーラム 2011―日本の精神保健福祉サービスを"当事者中心"に変革するために―（part.3）』特定非営利活動法人地域精神保健福祉機構・コンボ，p.49-52.

の導入は，同時に新たなポジションを創造し，それにより新たな関係性を構築していくことである。

　変化を求められているシステムとは，「抑圧している側」であり「管理する側」である。加藤真規子は，抑圧された者はパワーレス状態に陥る，抑圧が大きければ大きいほど，そこからの生還は困難だとしている。そして，たとえ生還したとしても，「生還していく先は，過去に自分を抑圧した社会の側であったということは容易に起こり得ること」だと指摘する。「生還者が生還者として，ロールモデルの意義をもつのは，未生還者の側にあるときのみである」としながら，同時に抑圧する者とされる者という関係性では，エンパワメントは生み出せないとしている[4]。

　プロシューマーの導入は，伝統的な権威性をもつシステムにパラダイム変革を引き起こす引き金となりうる可能性をもっている。しかしながらそれには，同時に専門職をはじめとするシステム全体が，プロシューマーを既存のポジションへはめ込むことではなく，新たなポジションを作るべく既存のポジションを変えていくエネルギーを収斂させていく力動がなければ，プロシューマーは既存のポジションに取り込まれるだけで，その存在意義を見出せないままとなってしまう危惧をはらんでいるといえる。

　現在わたしは，各地でピアサポート講座やピアサポーター養成講座を企画・開催し，プロシューマー研究の成果を実践へと活用し，展開している。

　また，プロシューマーのスーパービジョンを実施し，彼らの実践経験のなかでの気づきや思いをことばにしていくことを大切にしている。彼らの経験とその語りに寄り添いながら，彼らが紡ぐことばを積み上げていくことが，今，必要なのである。

　また，全国のプロシューマーと関心のある方に呼びかけて「全国ピアスタッフの集い」を開催している。昨年は約200名が集まり，新たな職種であるピアスタッフの道を拓いている。さらに，ピアスタッフ同士のネッ

---

4 ）加藤真規子，2005，「当事者出身のソーシャルワーカーの可能性と課題」『桃山学院大学社会学論集』39（1）．

トワークの構築および情報収集と発信の場として，2014年9月に「日本ピアスタッフ協会」が任意団体として設立された。研究の成果をもとに実践し，それらの実践をまた研究，検証し，次なる実践へとつなげていく営みの循環は，研究者にとっても実践者にとっても不可欠なものであろう。

　わが国においてプロシューマー研究は緒についたばかりである。女性が社会のなかで働き，活躍することが当たり前になることを獲得してきた道程のように，プロシューマーが新たなポジションを確立し当たり前の存在となったときに，現在の固定化した支援関係は変化し，支援される者にとっても支援する者にとっても自由度のあるポジションが当たり前に存在するようになるのではないだろうか。そのことは，すべての人にとって生きやすい社会となると確信している。

〈参考文献〉
波平恵美子・道信良子，2005，『質的研究 Step by Step―すぐれた論文作成を目指して―』医学書院.
久保紘章・石川到覚，1998，『セルフヘルプ・グループの理論と展開―わが国の実践をふまえて―』中央法規.
寺谷隆子，2008，『精神障害者の相互支援システムの展開―あたたかいまちづくり・心の樹「JHC板橋」―』中央法規.

地域生活支援の量的な調査研究

石田 賢哉

1　量的調査への関心

　わたしは量的調査の技術をもって実践現場に貢献しようとしている。

　社会のさまざまなことがらについて，全体を把握することは困難であっても，科学的な方法を用いて調査を行うことで，得られた結果は悉皆調査に匹敵する客観性をもった意味をもつことができる。社会福祉分野でも，地方自治体による地域住民のニーズ把握などに量的調査がさかんに実施されており，今後ますます重要となってくるであろう。

　しかし一方で，何でも数値化していくことは社会福祉になじまないのではないかという見方もある。個性的な，かけがえのない一人ひとりを支援するという社会福祉の実践に，量的調査がどのように貢献していくかが課題である。

2　主観的 QOL 測定スケールの開発

生活者としての QOL

　わたしがはじめて社会福祉の実践現場に関わったのは，大学院修士課程のときの，精神科病院と精神障害者授産施設での実習であった。とくに精神障害者授産施設の施設長からは，病院ソーシャルワーカーの役割や患者の利益のために組織のなかで何をすべきか，地域の視点がなぜソーシャルワーカーには必要か，また社会復帰施設運営の要点や利用者にとって必要な支援とは何かなどを，実践活動をふまえて教えていただいた。

　施設プログラムに利用者の方々と一緒に参加し，利用者の生の声を聞けたことも本当に貴重な経験であった。それらのことを通して，利用者にとって作業をすることの意義やプログラムに参加する意味，そして支援者の役割や責任を研究活動のなかで考えることができた。

　精神障害者社会復帰施設で出会った精神障害者の多くが，生活の悩みや病気・障害をもちながらも，それを乗り越えようとする力があることを学ばせていただいた。その力をふだんの何気ない会話や行動のなかにいつも感じることができた。そうしたことからわたしは，地域で暮らす精神障害者の生活の質（QOL）は何によって構成され，何によって影響を受けているのかを追究したいと思ったのである。

　精神障害者の QOL には，本人の努力や性格，精神障害の程度などの内的な要因が深く関係しているものの，それのみではないだろう。本人が安心して自分らしさを出すことができる環境が必要なのではないかと考える。仲間や職員との関係や，日中活動における一人ひとりの役割などが，作業に対するやりがい，生活への意欲といった広い意味での QOL に影響を与えているのである。

　精神障害者の QOL 研究は数多く発表されているものの，その多くは医学的視点からのものであったので，医学的視点とは異なる社会福祉の視点から，生活者としての QOL スケールを開発することを研究の課題とした

のである。

　しかし，「QOLという質的な概念を量的に測定することが本当に可能なのか」という本質的な問いを石川到覚氏より投げかけていただいた。その命題を乗り越えるためには，当事者の生活をリアルにとらえ，当事者の語りをしっかり聞くことしかない。東京都練馬区内にある精神障害者作業所を中心とした組織である練馬区作業所連絡会にご協力いただき，作業所の実際の活動に参加させていただいた（週3回，異なる作業所3カ所，1年間）。作業所の活動に一緒に参加させていただくなかで，だんだんと作業所という日中活動の場がどのような場であるかが肌で感じられるようになり，調査の輪郭が見えてきたのである。

調査票の作成
　わたしは日中活動の場の存在がきわめて重要ではないかと考え，「主観的QOL」の定義づけを行った。主観的QOLの構成領域を，社会生活機能，日中活動の場という環境，心理的領域，身体的領域，趣味・レジャーの5領域とし，その5領域の集合体と1カ月の生活の自己評価から構成される6領域からなる概念を主観的QOLと定義した。
　客観的な情報は大切ではあるが，本人がどのような生活を歩みたいかという希望がとても大切であることがわかってきたので，利用者の方々の多くが語る希望を項目に設け，希望の強さ，つまり意思をQOLの測定に使うことを考えた。従来のQOLスケールが客観的情報のなかから測定していくのに対して，わたしは利用者本人の願いや希望，そして社会的役割をもつことなどからQOLを評価していきたいと考えたのである。
　ただし，ひとりよがりになっては研究にならないので，QOL研究のレビューを行い，スケールを取り寄せ，構成概念を整理し，どのような質問項目によってQOLを測定しようとしているかの確認にはかなりの時間を費やした。
　主観的QOLスケールの選択肢は「そう思わない」から「そう思う」の5件法とした。設問内容には回答者の希望に関する設問を設けた。また，

表 1 作業所などを日中活動の場として利用している精神障害者の主観的 QOL スケール例

全体 「1 カ月の生活状況の肯定的評価」
　　（例：近所の人たちとうまく交流している。これから自分の人生は良くなる。友達に恵まれている。毎日のくらしで必要なものを手にいれられる等）

領域 「社会生活機能（社会的役割と責任）」
　　（例：楽しむための場所がある。職員と合意した約束を守っている。作業所の運営に参加し自分の役割をもっている等）

「環境への肯定的評価」→「作業所という社会資源に限定して」
　　（例：スタッフは自分の可能性を信じてくれている。作業所のルールに納得している等）

「心理的領域に関する肯定的評価」
　　（例：自分の良いところを知っている。自分は身のまわりの人を尊敬し認められる等）

「身体的領域に関する肯定的評価」
　　（例：生活のリズムがとれている。自分の今の体調を知っている等）

「趣味・レジャーに関する肯定的評価」
　　（例：趣味などは充実している。作業所でのレクリエーションが楽しみ等）

関連領域 「希望」「地域愛着」

多くの利用者が希望していることや地域への愛着に関する設問を設けた。

　こうして 70 項目以上の項目を設け，4 カ所の作業所・利用者 73 名の協力を得てプレテストを実施した。回答者にわかりにくい項目があればどんどん指摘してもらい，ほぼ全員が Yes，または No と回答するような項目があれば外した。また，全項目の相関分析を行い，関連性の有無を検討した。

スケール開発の醍醐味（信頼性・妥当性の検証）

　こうして作業所などを日中活動の場として利用している精神障害者の主観的 QOL を測定するためのスケールを開発し（表 1），属性などの項目も加えた調査票が確定し，本調査を実施する段階となった。

　練馬区作業所連絡会が協力してくださり，加盟している 13 カ所の作業所および小規模通所授産施設の利用者 145 名から回答を得ることができた。

表2 各領域のクロンバックのアルファー係数

① 1カ月の生活状況（10項目）⇒ 0.796
② 社会的役割と責任への肯定的評価（26項目）⇒ 0.8761
③ 限定された環境への肯定的評価（13項目）⇒ 0.9209
④ 心理的領域（3項目）⇒ 0.7663
⑤ 身体的領域（4項目）⇒ 0.6892
⑥ 趣味・レジャー（3項目）⇒ 0.6883

表3 同時的妥当性の検証（WHO-QOL26との相関係数，有意差 p<.05）

本スケール	WHO-QOL26との相関係数	
1カ月の生活状況	0.672（心理的領域）	0.642（環境）
社会生活機能	0.589（心理的領域）	0.584（環境）
環境（作業所）	0.530（社会的関係）	
心理的領域	0.579（心理的領域）	
身体的領域	0.490（身体的領域）	
趣味・レジャー	0.524（環境）	

　利用者の方々からの返信は145名，返信率は69％で，無記入の調査票は一つもなかった。この返信率は高いといってよく，多くの利用者の方が質問に返答してくださり，素直な意見や本音を書いてくださっていたことが，この研究においてきわめて重要な点であると思う。また，利用者の方々の協力はもちろんのこと，職員の方々の理解と協力がなければ実現不可能であった。

　利用者や職員の方々から調査実施に協力をしてもらいデータが集まってくると，スケールの信頼性・妥当性の検証に入る。自分が開発したスケールの基準関連妥当性を検証するために，世界保健機関（WHO）が開発した，すべての人を対象としたQOLを測定するスケールWHO-QOL26も利用者には回答していただいた。

　スケールの信頼性を検討した結果は表2のとおりである。各領域のクロンバックのアルファー係数はもっとも低いもので0.6883，もっとも高いもので0.9347であり，内的整合性は認められる結果であった。

　次に同時的妥当性の検証を行った（表3）。同時的妥当性の検証とは，

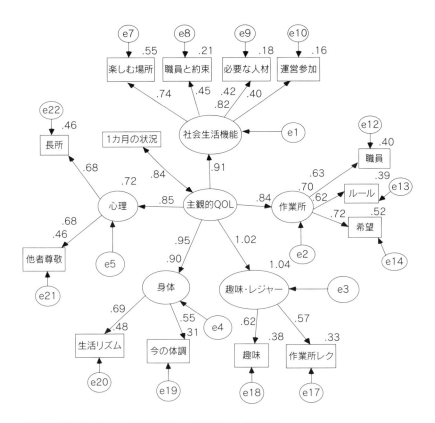

図 1 地域で生活する精神障害者の主観的 QOL のモデル
　ⓔは誤差変数，▭は観測変数，◯は潜在変数，変数右上にある数値は決定係数，
　矢印上にある数値はパス係数

　信頼性妥当性が十分検証され広く認められているスケール（この研究では WHO-QOL26）を外的基準として，本スケールの領域が果たして設定されている領域としてふさわしいか検証することである。身体的領域が相関係数 0.5 を下まわったものの，他の領域については強い相関係数を示していることから，本スケールが設定した領域のまとまりはよいと判断できた。

　また，スケールが頑強で安定していることを立証するためには，他地域で，同じように日中活動の場として作業所などを利用している精神障害者に対して同じ調査票で回答を求め，似たような結果が出てくるということが必要となる（交差妥当性の検証）。

本調査では，横浜市精神障害者地域生活支援連合会（市精連）の協力を得て，233名のデータを交差妥当性の検証に使用させていただいた。この調査でも似たような結果を得ることができ，主観的QOLスケールの交差妥当性の検証結果は良好であった。

QOLのモデル構築

その後，共分散構造分析（Amos）を用いてQOLのモデル構築を行った。最終的に，CFI（Comparative Fit Index）というモデルのあてはまりの良さを示す数値が0.942（0.9よりも大きければ良好），RMSEA（Root Mean Square Errar of Approximation）は0.054（0.05より小さければ良好）となり，地域で生活する精神障害者の主観的QOLのモデルを導くことができた（図1）。

3 実践現場への貢献

量的調査はややもすれば「数字」だけを見てしまい，高度な分析方法で良い結果が出力され，統計的に支持されると，そこで満足して終わりとなってしまいかねない。数字に満足し終わってしまうのでは社会福祉学の研究ではない。その結果から当事者が何を期待し何に困っているのか読み取り，当事者が希望している生活とはどのようなものであるかを考えることが大切である。それらの作業を通して生活ニーズを見つけ，行政が施策化を議論するために使うことのできるデータを集めることが実践現場への貢献になる。

実態を表したデータをもとに施策化につなげていくことが，利用者や職員の声を施策に反映させるということである。実態からかけ離れたデータには説得力がない。一部の人の意見だけが強く反映されるような調査はバイアスが強すぎて結局のところ施策につながらない。逆に，行政にのみ都合のよい調査であるとするならば，ユーザーである当事者に何のメリットもない虚しい調査ということになる。

わたしが現場に調査協力するうえで気をつけているのは，「なぜその調査をしたいのか」という思いをしっかりと聞くことである。現場の声をしっかり聞かなければ社会福祉学としての調査の価値はないと思っている。あわせて，調査結果をどのように使うかを調査実施前に共有しておくことも大切である。

　調査企画の段階から何を明らかにしたいのかという研究目的を共有し，そのためにはどのような調査方法がよいのか検討し，現実的に可能な調査方法を選択し，量的調査が採用されるのであれば，調査内容，項目の検討，そして分析方法まで決めて，結果をどのように実践現場にフィードバックするのかまで議論できれば調査はうまくいくであろう。

　そして利用者や家族，支援者に結果をどのように返すかということは，簡単なようでかなり高度な技術が必要である。結果をそのまま伝えるだけでなく，結果をもとにさらに一緒に議論するとか，結果の解釈をあらためて一緒に考えてみるとか，調査結果をもとに新たな議論ができるようになることがよいのではないか。

　実践現場との共同研究では，調査目的・調査内容・分析方法・調査結果は一体であることを何度も説明しながら，共通理解をしておく必要がある。また，現状を把握するための客観的データを集めることの大切さも説明する。量的調査でどこまでの結果が出せるのか，情報提供をするようにしている。結果をどのように使うかということまで調査実施前の段階でつめておくようにしている。

　そして調査実施後は，集計は可能なかぎり早く行い報告するようにしている。全体の度数分布表とセットでグループごとの出力も行い，結果から見えてきたことを報告する。結果の読み取りは多いに貢献できるところなので，気になる点があればどんどん出力する。そして，結果の解説と結果に影響する可能性のある項目について現場の方と議論する。その後，さらに分析を進め，報告書の作成や発表を手伝う。発表は自分がすることもあるが，現場の方に発表してもらうよう促すことを心がけている。

　研究グループや調査グループを立ち上げて実践家，利用者，家族と共同

研究することの意義は何かをつねに考え，自分が果たすべき役割を遂行し，ソーシャルワークリサーチャーとしてのこだわりをもちつづけることがとても大切であると感じている。当事者との共同研究において，研究者は支援者でもなく利用者でもない，つまり当事者ではない。当事者でない立場が当事者のために調査や研究においてどのように貢献しようとするのかをつねに意識し，謙虚で誠実に当事者から話を聞き，自分のもっている量的調査に関する知識や技術を惜しみなく提供し，調査結果が施策反映につながるようなことを目指すのがソーシャルワークリサーチャーのアイデンティティではないかとわたしは考えている。

〈参考文献〉

根本博司・高倉節子・高橋幸三郎編，2001，『初めて学ぶ人のための社会福祉調査法』中央法規.

狩野裕・三浦麻子，2003，『増補版 グラフィカル多変量解析―目で見る共分散構造分析―』現代数学社.

豊田秀樹，2007，『共分散構造分析［Amos 編］―構造方程式モデリング―』東京図書.

暗黙知から形式知を紡ぐ研究

鈴木 孝典

1 ひとりよがりのモデル構築

サービス・リスクの研究

「むずかしいことはわからない。でも、自分たちが期待したこと（研究成果）は、こんなことではない」

これは、研究成果を研究協力者にフィードバックする席上で、支援者から投げかけられたことばである。

この研究は、大正大学福祉デザイン研究所の障害保健福祉研究班で取り組んだ「障害保健福祉サービスのアクセス・リスク」研究（2003～04年度）をふまえて、「精神保健福祉サービスと利用者との間にリスクが生じるプロセス（サービス・リスク）」を理論化し、そのリスクをアセスメントするためのモデルを構築するものであった。研究計画では、サービスと関わりをもつ利用者（障害当事者）、支援者、ボランティアが、サービスに関わるリスクをどのようにとらえ、そのリスクに対してどのように対処しているのか、その実態を質的研究によって把握することを研究の第一目標とした。

データの収集には，ソーシャルワーカーとして働いていたときに関係を築いた多くの仲間が全面的に協力してくれた。その結果，K県内にある精神障害者を対象とした就労支援のサービス事業所，グループホーム，地域生活支援センターなど6カ所の事業所において，利用者，支援者（専門職スタッフ），ボランティアを対象としたグループインタビューを実施した。
　このグループインタビューの場は，この後述べる「組織的知識創造モデル（SECIモデル）」で表現するならば，参加メンバーが「暗黙知」を「共同化」していく「創発の場」となり，ディスカッションによって「暗黙知」の「表出化」が図られる「対話の場」となった，ということになる。

組織的知識創造モデル

　「組織的知識創造モデル（SECIモデル）」とは，1990年代の経済危機のなかでアメリカ産業界においてブームとなったナレッジ・マネジメント（knowledge management）を起点とし，経営学を基盤に野中郁次郎らによって体系化された理論である。このモデルは，「ものづくり」や「組織経営」に必要な「知」を維持，伝承するための代表的なモデルである。
　その内容は，伝承すべき知識は，主観的・経験的でIT化が困難な「暗黙知」と，客観的・合理的でIT化が可能な「形式知」という，2つの相互補完的な「知識」の概念で構成されているとし，そのうえでSECIモデルを，蓄積した知識の共有，伝達と新たな知識の創造の連続的なプロセスとして捉え，暗黙知と形式知の交互作用による知識創造モデル（SECIモデル）を提示するものである（図1）。そして，組織的な知識が，この2つの「知識」および異なる知識内容を有する個人間の相互作用によって生成されるとしている。また，この理論は，以下の2つの枠組みより構成される[1]。

---

1) 野中郁次郎・紺野登，1999，『知識経営のすすめ―ナレッジマネジメントとその時代―』筑摩書房．野中郁次郎・紺野登，2003，『知識創造の方法論―ナレッジワーカーの作法―』東洋経済新報社．

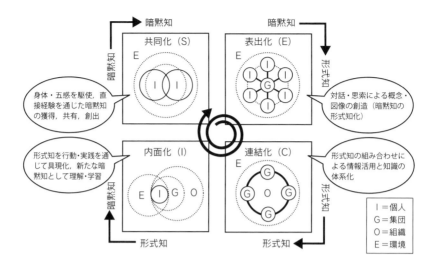

図1 「知識創造モデル（SECI モデル）」の概念図 (野中・紺野，2003)

〔1〕知識創造モデル

組織的知識創造モデルの中核概念である「知識創造モデル」は，4つの知識創造プロセスで構成される。

ⅰ．共同化

　同じ時間と空間において体験を共有することで，組織のメンバーが相互に「暗黙知」を獲得するプロセス。

ⅱ．表出化

　共有した「暗黙知」がコミュニケーションを通じて明示され，言語や図表で表現された「形式知」を構成するプロセス。

ⅲ．連結化

　新たに構成された「形式知」と既存の「形式知」を連結し，新たな体系的「形式知」を創り出すプロセス。

ⅳ．内面化

新たに体系化された「形式知」を実践することで個人の「暗黙知」へと変換するプロセス。

〔2〕場
　知識が，共有，活用，創造される空間，状況，文脈のこと。「場」は，以下の4つの概念で構成される。
ⅰ．創発の場：共同化が図られる場
ⅱ．対話の場：表出化が図られる場
ⅲ．システムの場：連結化が図られる場
ⅳ．実践の場：内面化が図られる場

利用者，支援者の期待
　さて，このグループインタビューで得られた質的なデータは，記述分析と内容分析によってカテゴリー化した。そのうえで対象別にリスクを認知するプロセスとそれに対処するプロセスについて理論化を試みた。
　その内容を一部紹介すると，支援者によるリスクへの対処プロセスは，かぎられたマンパワーのなかで，ストレングス視点やネットワーキングなど，ソーシャルワークの価値，技術にもとづくアプローチとサービスの運営管理の側面からのアプローチを併用しながら，利用者自身によるリスク管理と利用者コミュニティによる自律的なリスクへの対処をリードしていくというものである。簡単に言ってしまえば，サービスの提供場面において多様に存在するリスクに対して，少人数の専門職スタッフではその対処に限界があるため，利用者および利用者集団に自主的なリスク管理をソーシャルワークの手法と組織の運営管理の手法によって促すというものである。
　サービスの利用場面において他の利用者，支援者，ボランティアとの間に生じるリスクに関するこの試みをSECIモデルで説明すると，「形式知」の「連結化」を図る作業であったといえる。

しかし，この試みは，うまくいかなかった。冒頭に示したように，研究成果は実践現場の人たちには受け入れられなかったのである。
　利用者，支援者の期待は，自分たちのリスク管理に関わる取り組みに対する評価を求めるもの，リスク管理の HOW TO やマニュアルを求めるものなど多様であったが，いずれも「自分たちの実践に役立つもの」を求めていたように思う。自分では，その求めに応じているつもりであり，また「理論と実践を行き来」しているつもりであったが，現場の評価は違っていたのである。

福祉サービスに関わるリスク評価指標の開発
　モデル構築の試みをさらに続けた。次のテーマは「精神障害者を対象とした福祉サービスに関わるリスク評価指標を開発すること」とした。
　研究の第一段階として，先に述べたグループインタビューのデータを用いて，リスク評価に関わる項目を抽出し，あわせてリスクに関する事例をサービスの現場から収集して，事例の分析から評価項目の抽出と精査を行うこととした。
　研究の計画段階では，「精神症状の変化」や「暴力行為」「自殺企図」などのリスクがどの程度の頻度で生じるかを評価する「リスク評価尺度」をつくり，フィールドテストを繰り返せば，リスク評価指標が仕上がるであろうと安易に考えていた。しかし，いざ研究活動を始めてみると，厳しい状況に直面した。
　「誰がリスク評価指標を使うのか？」「この研究の成果は，どのように実践の場で汎用されるのか？」「リスクという概念は，医学モデルの発想ではないのか？」など，厳しい質問・意見があった。今から思うと，それらの意見は，わたしの研究に対して「理論と実践を行き来」するものではなく「研究のための研究」ではないかという根本的な指摘であったが，わたしはそのことに気がつかず研究を進めた。
　事例を集めるためのフィールドとなる福祉サービスの事業所を紹介してもらい，研究協力の依頼をした。しかし，協力してくれた事業所もあった

が，いくつかの事業所からは，厳しい意見とともに依頼を拒否された。一番ショックを受けたのは，ある事業所の利用者から投げかけられた次のことばだった。

　「うちには関係のない研究だね。もう少し，利用者のことや現場のことを知ったほうがいいよ」

　金槌で頭を殴られたような衝撃であった。石川到覚氏からは，マクロ的な視座からこれまでの研究を俯瞰すること，ソーシャルワークの視座から研究課題を再構成すること，研究者として謙虚な態度を保持して現場での実践，そして自らの研究と向き合うこと，精神障害者の暮らしと支援者の実践に還元できる研究の"outcome"を想定すること，など至極当然な指摘を受けた。

　これまでの自らの研究活動を SECI モデルで整理するならば，せっかく現場との「対話の場」を多くの人たちの協力によって得ることができ，現場の「暗黙知」を「形式知」へと変換する機会に恵まれながらも，新たに得た「形式知」を自分本位に体系化しようとし，現場の「知」との乖離が生じたといえよう。言い換えれば，「形式知」を体系化することが研究目的となり，体系化した「形式知」を現場における実践の「知」へと再度変換する発想や姿勢が欠けていたということである。さらには，体系化した「形式知」と現場の「知」とを連結するための「システムの場」を現場と一緒に創り上げていくという視点と取り組みが欠けていた。結果として，「研究のための研究」を漫然と行う状況に陥っていたのである。

2　リーダーの知を伝承する試み

暗黙知から学び直す

　これまでの研究成果を再構成し，「精神障害者が，地域生活のなかでライフスタイルを形成するために必要な支援は何か？　また，そのための支援に関わる評価（アセスメント，モニタリング）のポイントはどこか？」という仮の研究テーマを設定した。そのうえで，「高度な専門性と熟練した

技能を有し，指導的な立場にある支援者（リーダー）は，精神障害者の地域生活を支えるなかで何をどう見ているのか？」という問を立ててふたたび現場へのアプローチを試みた。

　対象とするフィールドは地域生活の基盤となる「居住の場」に設定し，グループホームに研究フィールドを限定した。グループホームは，単身生活に近い住居を提供するものから，擬似的な家庭を提供するもの，手厚いケアを提供するものまで多様な支援の形態が存在する一方で，それぞれの支援の形態と利用者の支援ニーズのマッチングについて十分な検討がなされていない。さらに，障害者自立支援法の施行以降，支援者の専門性や技能の多様化が進んでおり，支援の評価や支援計画に質的な格差が生じている状況がある。

　そのため研究の"outcome"として，①グループホームに従事するリーダーによる支援活動から，グループホーム利用者の生活の特性とグループホームに従事する支援者の専門性を明確化すること，②リーダーの「暗黙知」を「形式知」に変換し，その「知」を経験の浅い支援者や専門的な教育を十分に受けていない支援者に伝承するための方策を開発して普及すること，③グループホームにおける支援の形態と利用者の支援ニーズとのマッチングを生み出す方策を開発して普及すること，という目標を設定した。

　そして，リーダーが大切にしている支援の視座と現場の後輩に伝承したい「知」について，リーダーに聞いた。あまりにしつこく出むいたため，「もう来ないでほしい」と閉め出されたグループホームもあった。多忙なグループホームの現場からすれば，本当に迷惑なことであっただろう。

　それでもリーダーから話を聞き出すことにより，リーダーによる支援の視点や評価のポイントに関わる「暗黙知」が「形式知」へと変換され，その情報が蓄積されていった。しかし一方で，現場とのコミュニケーションを深めていくなかで，現場で蓄積した「形式知」から理論的・体系的な「形式知」を生成し，その「知」を現場にフィードバックするのではなく，リーダーが表現する「暗黙知」は，研究を介せずとも共通性の高い，体系

化された「形式知」に変換され，確実に後輩の支援者へと伝承され，「組織の暗黙知」としてそれぞれの支援者に根づいていた。このことに気づいた私は，蓄積した「形式知」をどう体系化するか，再考する必要に迫られた。

研究者の立場で形式知を体系化する試み

　リーダーたちの語りによって体系化された「形式知」は，語りの内容を少し整理すれば理論的な形式知が生成できるようにも感じた。しかし，それでは研究としてはリーダーの指南書を作成して終わってしまう。研究者の立場で「形式知」の体系化を図り，理論的に再構成する必要があった。

　これまでのフィールドワークと事例研究から，グループホームに従事するリーダーは，利用者との関係性を基軸にして，ライフスタイルの変化にともなう「医・食・職・住」に関わる支援ニーズの変化をとらえ，かつ，ミクロ・メゾ・エクソの各システム・レベルの状況を循環的に捉えながら，支援を展開していることを捉えた。また支援の方法として，見守ること，あるいは一緒に行うことを重視していた。

　こうした支援の方法と過程は，利用者と支援者の関係性を醸成させ，利用者，支援者双方の成長に結びついていた。利用者は，支援者からの見守り，あるいは支援者との協働によって，日常生活に関わる機能とセルフケアに関わる機能を高め，その機能を土台にして対人関係や地域社会との関わりを広げていく。他方，支援者は，利用者との支援関係を土台にして支援を模索し，試行する。あわせて利用者に対して有効性が認められた支援については，同様の支援ニーズを有する別の利用者への支援に応用し，その効果を検証しつつグループホームの支援モデルを形成する。

　この循環的な支援過程が，利用者のライフスタイルとグループホームの支援モデルを紡ぎ出すということを仮説的に捉えることができた。

　この一連の思考をSECIモデルで捉えなおすと，リーダーにより体系化された「形式知」は，あくまで組織内，あるいはリーダー集団内での「知」であるといえよう。そのため，この「知」を社会福祉実践に関わる

理論的, 普遍的な「知」に変換するためには, 支援の対象者と支援者との交互作用から「知」を再構成することが必要である。社会福祉実践における体系的な「知」の創出の過程では, 実践者の「知」と当事者の「知」の連結化をソーシャルワークの理論をベースにして図る必要があるともいえよう。また, その連結化を図るための場や機会, SECI モデルでいうところの「システムの場」を創ることも重要であろう。

リーダーの知を伝承する試み

　次の課題は, グループホーム利用者の生活の特性をふまえたうえで, リーダーの「形式知」をほかのグループホーム支援者に伝承するための方策を開発することと, グループホームにおける支援の形態と利用者の支援ニーズとのマッチングを生み出す方策を開発することであった。

　先述の仮説にもとづくならば, グループホームにおける支援の形態は, 住居の形態やグループホームを取り巻く環境などに規定されつつも, 利用者への支援の過程において構成される。また制度的な環境に配慮すると, リーダーの「形式知」を障害者自立支援法（現, 障害者総合支援法）上の個別支援計画の策定とモニタリングに反映させることが肝要となる。さらに, グループホームにおける支援者の専門性が多様であることを考えると, リーダーの「形式知」をわかりやすく, かつ容易に実務に直結する形で伝承する必要がある。

　こうした条件を満たし, かつより実践的に「形式知」を伝承するために, グループホーム入居者の生活機能および支援ニーズの評価から, グループホームの機能評価, 支援評価までを一体に実施する,「精神障害者グループホーム評価支援ツール」を開発することを研究の目標に据えた（図2）。

　そのうえで, 研究の第一段階として, グループホームにおける居住生活に必要な生活機能の評価を支援者と利用者が一緒に行い, 評価の情報を共有しつつ, 支援者による評価と利用者自身の評価との差異を認識し分析することで, より生活実態とストレングスに根ざした個別支援計画の作成に

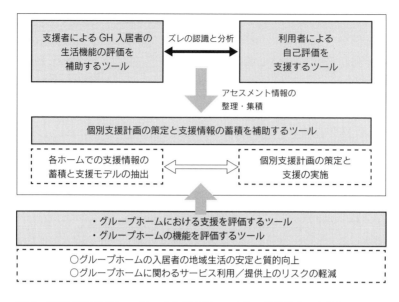

図2 「精神障害者グループホーム評価支援ツール」の開発構造の全体像

結びつけるツールを開発することとした。さらに，開発するツールには評価の情報を蓄積し，過去の情報と比較することで，生活機能および支援ニーズの変化を視覚的にとらえられる機能を設けることとした。

　評価支援ツールを開発するにあたり，まずリーダーの「形式知」から評価に関わる情報を抽出し，尺度化する作業から開始した。ただし先述のとおり，リーダーの経験則から構成された「形式知」を理論化，普遍化するためには，何らかの理論的な枠組みを用いて，科学的な「知」へと変換する作業が必要である。さらにその理論的な枠組みは，尺度開発に適したものである必要がある。

　そのため，尺度開発に際しては，「国際生活機能分類（ICF）」の「活動・参加」分類を応用した。具体的には，尺度の試案をICFの「活動・参加」項目の第2レベルの分類を参考に作成し，リーダーを対象に尺度の試案についてパイロットスタディを実施した（表1参照）。簡単に言ってしまえば，「リーダーは，グループホーム利用者の生活機能のどこに着

表1 ICFの「活動・参加」項目を活用した尺度試案（一部）

ID	尺度項目	評価点5	評価点4	評価点3	評価点2	評価点1	ICF項目
		ここ30日の間，まったく困難なく一人でできていた	ここ30日の間，支援がなくてもほぼ困難なく一人でできていた	ここ30日の間，ほぼ一人でできているが，数回（数日）見守りや声かけ，助言などの支援を行った	ここ30日の間，何とか一人でできているが，頻繁に見守りや声かけ，助言，共同，部分的な介助や代行などの支援を行った	ここ30日の間，一人で行うことができず，介助や介護，代行などの全面的な支援を行った	第2レベル
1	集中してテレビやラジオを視聴すること	困難なく一人でできる	ほぼ困難なく一人でできる	ほぼ一人でできるが，ときどき支援が必要	一部支援があれば，一人でできる	全面的な支援が必要	d160 注意を集中すること
2	ものごとを深く考えたり，反省すること	困難なく一人でできる	ほぼ困難なく一人でできる	ほぼ一人でできるが，ときどき支援が必要	一部支援があれば，一人でできる	全面的な支援が必要	d163 思考
3	簡単な計算をすること	困難なく一人でできる	ほぼ困難なく一人でできる	ほぼ一人でできるが，ときどき支援が必要	一部支援があれば，一人でできる	全面的な支援が必要	d172 計算
4	日々の暮らしの問題を理解して解決すること	困難なく一人でできる	ほぼ困難なく一人でできる	ほぼ一人でできるが，ときどき支援が必要	一部支援があれば，一人でできる	全面的な支援が必要	d175 問題解決
5	自分の意思で何かを選んだり，決めたりすること	困難なく一人でできる	ほぼ困難なく一人でできる	ほぼ一人でできるが，ときどき支援が必要	一部支援があれば，一人でできる	全面的な支援が必要	d177 意思決定

目し，支援を行っているのか？」ということを，ICFの概念を用いて研究者が言語化することを試みたのである。

このパイロットスタディに対して，リーダーたちは当初，懐疑的であった。「そもそも自分たちには，評価支援ツールなどいらない」「評価の項目や尺度が，結果的にグループホームにおけるアセスメントのミニマム・スタンダードを形成してしまい，評価項目以外のアセスメントを現場がしなくなるのではないか」「自分たちの実践は，評価項目や尺度で説明できるものではない」など，さまざまな疑義や批判が投げかけられた。

こうした疑念に対しては，評価支援ツールは，リーダーたちが共通して憂慮している，経験や専門的知見が乏しい支援者に，リーダーの経験知を伝承するものであること，また多様な専門性を考慮するとできるだけシンプルでわかりやすいものである必要があること，さらにツール開発の目的は生活機能や支援ニーズの評価にかぎらず，利用者自身による生活機能の自己評価やリーダーの支援に関わる当事者評価，各グループホームにおける支援モデルの形成に至るまで，高い汎用性をもたせることなどを説明した。

こうして，これまで関係を築いてきたリーダーは，研究の目的や内容に疑いをもちながらも，パイロットスタディに協力してくれた。

パイロットスタディは，リーダーに尺度の試案を用いて，利用者の生活機能と支援ニーズに関わる評価を試行してもらい，項目や尺度の妥当性を検証してもらった。その結果，項目や尺度についての修正意見とあわせて，「生活全般を見通すためには，こういう指標が補助的にあるとよい」「経験則に頼って見落としているニーズがあるかもしれないと思った」「評価の最低限の質を担保するためには，こうしたツールを使ったほうがよい現場は多く存在する」「利用者と一緒にアセスメントの情報を確認し，共有することができた」など，ツール開発の必要性を共有することができた。

同時に，「評価支援ツール」を現場において普及させるための具体的な方策についてもさまざまな意見が寄せられた。この一連の活動から，よう

やく「研究と実践を行き来」する，実践の「知」と科学的な「知」を連結して新たな「形式知」を創り出す研究のスタートラインに立てた気がした。

3　グループホーム評価支援ツール（生活機能評価ツール）

　最後に，「評価支援ツール」の開発に関わる研究の成果として開発した，評価尺度を中核的な概念とする「グループホーム評価支援ツール（生活機能評価ツール ver.1）」を紹介しよう。このツールは，コンピュータ・ソフト化し，現在，ウェブ上で試行的に運用している（図3）。このツールのおもな目的は，次の通りである。
　①ICFの知見による客観的な評価尺度によって，グループホーム利用者の生活機能全般に関わるアセスメント，モニタリングを実施することで，支援者の経験年数や専門職性によって生じる「評価の誤差」を少なくすること。
　②グループホーム利用者の生活機能に関わる評価の情報を電子化して集積することで，利用者の生活機能の緩やかな安定と変化を経年的にとらえること。
　③グループホームの支援者と利用者が，生活機能に関わる評価を視覚的に確認しながら共有すること。また，支援者による評価と利用者による自己評価のズレを互いに認識すること。
　④グループホーム入居者全体の生活機能の特性を視覚的に認識し，グループホームにおける支援システム上の課題とその変化をとらえること。
　⑤①～④によって，個別支援計画の作成と各グループホームの支援システムの形成に寄与すること。
　また，上記①～⑤の目的を達成するために，ツールには主として次のような機能が搭載されている。
　①グループホームでの生活に要する生活機能（38項目）について，4件法のリッカート尺度を用いて評価を実施するとともに，その評価情報を蓄

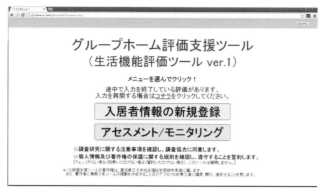

図3 「グループホーム評価支援ツール」(トップページ)

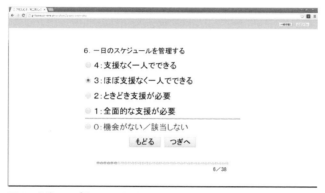

図4 「グループホーム評価支援ツール」(アセスメントのページの一例)

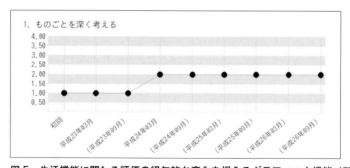

図5 生活機能に関わる評価の経年的な変化を捉えるグラフィック機能(例)
　　グラフで示す数値はデモンストレーション用の架空データにもとづく

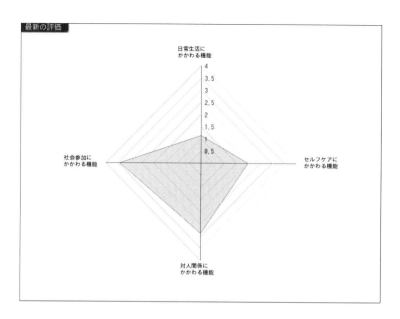

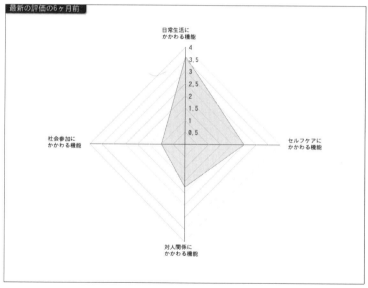

図6 生活機能全般の評価とその経年的な変化を捉えるグラフィック機能（例）
数値はデモンストレーション用の架空データにもとづく

暗黙知から形式知を紡ぐ研究

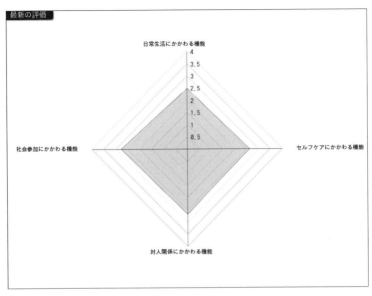

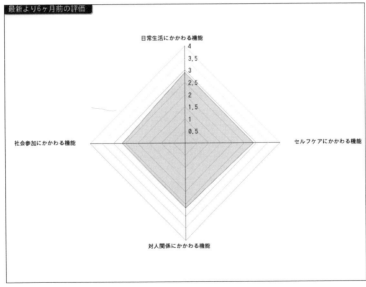

図7 グループホーム入居者全体の生活機能の評価とその経年的な変化を捉えるグラフィック機能(例)
数値は指定年月の生活機能領域ごとの評価点の合計/指定年月に入力のある入居者数で,デモンストレーション用の架空データにもとづく

積する機能（図4）

②生活機能に関わる評価の経年的な変化をグラフによって視覚的に確認する機能（図5）

③生活機能全般の評価とその経年的な変化をグラフによって視覚的に確認する機能（図6）

④グループホーム入居者全体の生活機能の評価とその経年的な変化をグラフによって視覚的に確認する機能（図7）

このツールは現在，数カ所のグループホームにおいて試行的に運用されており，その信頼性と妥当性の検証を行っている。このツールで示した評価項目や尺度が，実践者の「暗黙知」へと変換されたかというと，その道のりはまだ遠い。しかし，現場の支援者および利用者とのコミュニケーションを継続しながら，より支援者の実践と利用者の生活に資するツールとなるよう，評価支援ツールのバージョンアップを重ねているところである。

〈参考文献〉

ローレン R. モシャー，ロレンゾ・ブルチ，1992，『コミュニティメンタルヘルス─新しい地域精神保健活動の理論と実際─』公衆衛生精神保健研究会訳，中央法規.

上田敏，2005，『ICF（国際生活機能分類）の理解と活用─人が「生きること」「生きることの困難（障害）」をどうとらえるか─』きょうされん.

小谷良子，2007，『主体形成と生活経営』ナカニシヤ出版.

「Y問題」から汲む研究

伊東　秀幸

1　「Y事件」とは

　わたしは，大学の教員となる前，約20年間保健所の精神保健福祉相談員として地域精神保健福祉活動を実践してきた。公的機関という法的に規定された組織に所属し，そのなかで法的に規定された業務を遂行する，つねに全体の奉仕者としての使命を意識して実践することが強いられてきた。そのようななかで精神衛生相談員（現在の精神保健福祉相談員）が関わる「Y問題」に出会い，その研究を進めているところである。
　Y事件は，1969年10月，神奈川県内で起こった。
　Yさんは，大学受験について関西方面の大学への進学を望んでいたが，両親はこれに反対し，受験間近になって東京か横浜の大学に進学するようやや命令的にやめさせていた。Yさんは大学受験に失敗し，浪人生活に入ったが，しだいに予備校に通わなくなり不規則な生活になっていった。また，勉強部屋がないと受験勉強ができないとYさんが訴え，それに対応して父親が勉強部屋を新築したが，その間取りが気に入らないとして父親との感情的な対立があった。

そのようなYさんの状態について父親は不安を抱き，そのことを父親は上司に相談したところ総合病院の精神科医を紹介された。その精神科医から，地元にある精神衛生相談センターの存在について教えてもらった。

　1969年10月4日（土），父親が相談センターに相談したところ，そこで対応したソーシャルワーカーから精神分裂病（現在の統合失調症）の疑いがあるといわれ，入院の必要性などを助言された。そのとき，ソーシャルワーカーは白衣を着ており，父親は精神科医に相談したと思い，その助言を精神科医のものと受け止めた。同日，相談センターから管轄保健所の精神衛生相談員にYさん宅を訪問するよう依頼がされた。

　10月8日（水），保健所の精神衛生相談員がYさん宅を訪問するが，Yさんとはすれ違っただけで母親とのみ面接を行った。母親は，父親が無断で相談センターに相談に行ったことを不快に思っており，精神衛生相談員の訪問についても拒否的であった。

　10月11日（土）午後，母親が，Yさんが興奮状態であると保健所に相談に来所した。当日，日直として保健所にいた保健師が対応し，母親に，近所まで戻りYさんの様子を観察し，経過を報告するよう指示した。その後，母親との連絡などから入院の必要性を判断し，入院が可能な精神科病院を探した。入院を受け入れる病院が決まったところでYさん宅を保健所医師，保健師などが訪問し，警察官2名の協力を得て精神科病院に搬送となった。

　精神科病院では，保健所の資料をもとに医師による診察がきちっとされないまま同意入院（現在の医療保護入院）となった。Yさんは退院を要求したが，40日間入院した後，両親の働きかけによって退院となった。

　その後，Yさんや家族は，市民相談や人権擁護相談などに入院の問題について相談したが，納得できる結論を得ることができなかった。そのため裁判に訴えることにし，入院時に診察がされなかったことなどについて精神科病院を相手取って1971年12月民事訴訟を起こした。

　裁判は，当初担当の弁護士とうまくいかなかったりするなど決して順調なものでなかったが，その後「Y裁判を共に闘う会」の支援を受けること

になり，事件後10年という時間を要して，1979年5月に和解という形で決着を見た。その間，Yさん自身は大学に進学し，卒業して就職をしている。

2 「Y事件」の問題点

　当時，同意入院で入院する場合，精神衛生法（現在の精神保健福祉法）の規定によって，保護者の同意が必要であった。とくに入院患者が未成年である場合は，両親の同意が必要とされた。しかし，Y事件においては，父親からの同意のみで母親からの同意を得ないまま同意入院となった。裁判では，そのことも争点になったが，当時の神奈川県においては，両親両方から同意を得ないまま入院となる事例がしばしばあった。

　コンプライアンスが現在ほど言われていない時代だったとしても，法を適正に執行することが行政の使命であることは，昔も変わらないところである。しかし，たとえば措置入院を判定する診察においても，神奈川県独自の考え方によって実施されていた状況があった。すなわち，措置入院を判定する診察では，2名以上の精神衛生鑑定医（現在の精神保健指定医）による診察が必要であるが，当時の神奈川県では2名以上の精神保衛生鑑定医による診察が同時にされずに，一人の精神衛生鑑定医の措置入院の判定によって措置入院となり，入院後にもう一人の精神衛生鑑定医の診察が行われるというものであった。

　このように同意入院に関して法施行が規定通り実施されない状況が当時あったということが1つ目の問題点である。

　2つ目の問題点としては，ソーシャルワーカーの専門性，力量の問題である。Yさんの父親が相談センターに相談に行った際，ソーシャルワーカーは白衣を着ており，そのソーシャルワーカーを父親は精神科医と勘違いしてしまった。そんなささやかな勘違いから物語の展開が変わっていくようなところがある。

　ワーカーは，なぜ精神科医と勘違いされたのであろうか。その原因は白

衣を着ていただけではないだろう。自分自身のことをどのように伝えたのだろうか。医師と勘違いさせるようなものの言い方をしたのではないだろうかなど疑問が残る。医師に傾斜していくような態度や姿勢は，ソーシャルワーカーとしての専門性の希薄さを表しているように思う。

　また，精神分裂病で入院の必要性があることをインテークの段階で判断しているが，Y事件の結果からすると，その判断は間違っていたことなる。そのことから考えるとアセスメントに失敗していたといえるだろう。さらに入院を前提としてYさん宅に訪問した精神衛生相談員の行動は，独断的なものという印象を払しょくできない。

　3つ目の問題点は，当事者不在である。Y事件は，終始本人不在で進んでいったといえる。父親が，相談センターを訪れた時ももちろんYさんは同行していなかったし，精神衛生相談員が訪問したときもYさんとはすれ違っただけで，面接は母親とされている。さらに，母親が保健所に相談に来所した時も，母親単身であった。そして，最終的には，精神科に受診した際も周囲からの情報から入院は判断され，本人不在のまま入院が進められている。Y事件の経過を見ると，そもそもソーシャルワーカーが，本人に接触しようという行動がなかったような印象さえ受けてしまう。

3　「Y事件」から「Y問題」へ

日本精神医学ソーシャルワーカー協会の対応

　1973年6月，横浜で開催された日本精神医学ソーシャルワーカー協会（現，日本精神保健福祉士協会）の第9回全国大会において，この事件に関して保健所の精神衛生相談員が関与したとして，Yさんからソーシャルワーカーの権利侵害，加害者性について言及された。第9回全国大会のテーマは，「精神障害者の現状と私の実践」であり，第1日目のシンポジウムで会場からYさんと母親が発言した。これは，大会実行委員会に事前にYさんと「Y裁判を共に闘う会」から大会での発言について申し入れがあり，それを大会実行委員会で承諾したことから実現したことである。

Yさんの発言を受けて協会はどのように対応するかで，当日の夜に開かれた理事会から翌日の総会まで混乱が続き，総会において調査委員会を組織することで取りあえずの収束を得た。Y事件から端を発し，協会が糾弾され協会の組織対応が迫られたことにより，「Y事件」は「Y問題」となったといえる。その後協会は，対応をめぐって大会・総会の中止など10年にわたって混乱を呈することになる。

　調査委員会は，第9回全国大会の実行委員がそのまま調査委員となる形をとり，関係者からの聞き取りが進められた。1974年の第10回全国大会・総会（神戸大会）で報告がされた。「Y問題調査報告」では，協会が取り組むべき課題として，①現行精神衛生法における措置・同意入院の問題（保安処分）の点検，②「本人」の立場に立った業務の基本姿勢の確立，③そのような業務が保障される身分の確立の3点が提起された。

　調査報告書を受けて協会常任理事会では，「Y問題調査報告書により提起された課題の一般化について（資料）」を，会員がそれぞれの日常業務の点検に役立たせることを目的に1975年に作成した。

　その後1980年に開催された第16回全国大会・総会（名古屋大会）において，提案委員会の設置が決定された。提案委員会には，①協会としての今後の取り組むべき課題を見出すこと，②「Y問題」に関すること，③今後の実践課題は何かを提示する作業，④組織運営上の問題に関することの4点が課題とされた。

　「提案委員会報告」は1981年の全国理事会に提出承認され，翌年の第17回全国大会・総会（東京大会）において採択された。これにより協会は機能回復を図り，新たな活動を始める体制を整えることができた。

背景となる時代性と地域性

　Y事件があった時代をどのように捉えたらよいか。Y事件の起こった1969年の前年1968年は，「1968年問題」として注目されている年である。この年，フランス，アメリカ，ドイツなどほぼ世界同時に学生が反乱を起こしているといわれ，わが国においても1968年10月に全学スト

イキの責任をとって東京大学総長が辞任した年である。学生運動が活発であった時代といえる。

　障害者福祉についてみると，1969年6月に「青い芝の会神奈川県連合会」が発足している。1970年横浜市で，脳性まひのわが子の介護を苦にした母親が，わが子を絞殺した事件が起こった。この事件について，母親への同情的な立場から減刑などを求める運動がおこったが，青い芝の会は厳正な裁判を要求する活動を展開して注目されるようになった。

　精神科医療については，精神障害者に外科的手術を施し前頭葉を切除する「ロボトミー」の問題が提議され，1975年に日本精神神経学会が精神外科を否定する決議をするなど，精神科医療の領域においても大きな変化があった時代といえる。

　精神保健福祉領域についていえば，精神衛生法の改正が1965年にあり，保健所が地域精神衛生活動の第一線機関となり，精神衛生センター，精神衛生相談員が法律に規定された時代である。なお，1965年の「保健所における精神衛生業務運営要領」によれば，「精神障害者の早期発見，早期治療の促進及び精神障害者の社会適応を援助するため，相談及び訪問指導を積極的に行う」と保健所の地域精神衛生活動を規定している。

　次に，Y事件のおきた神奈川という地をどのように理解するか。高度成長期を支えた神奈川県では，Y事件がおきた当時は，川崎・横浜の臨海地域に工場が立ちならび，地方から人口が多く流入した時代であり，同時に公害が社会問題化した時代であったといえる。

　精神保健福祉分野においては，神奈川県は先進県であると自他ともに認めるところであった。昭和40年代からから県の保健所には福祉職が配置されていたことや，精神衛生センター設立後は，センターを中心に地域精神衛生活動をけん引してきたことによる。昭和40年代から保健所では，在宅の精神障害者を対象として社会復帰を目的に週1回程度の生活教室が実施されるようになり，さらに地域家族会の設立にむけた取り組みが盛んにされていった。また1971年，川崎市精神障害者社会復帰医療センターが，わが国初の精神障害者を対象としたリハビリテーションセンターと

して設立されている。

「Y問題」と精神保健福祉士協会

　日本精神医学ソーシャルワーカー協会は，精神科領域のソーシャルワーカーの職能団体として1964年に発足した。「Y問題」は，発足後10年に満たない当時の協会に衝撃を与え，その後10年の間，協会機能が停止状態になったわけであるが，その後も「Y問題」は，協会活動のさまざまな面で影響を与えている。

　「Y問題」によってソーシャルワーカーの加害者性が問われ，ソーシャルワーカーの専門性と業務について根本から見直す必要性が求められた。すなわち，1982年の全国大会において採択された札幌宣言で，精神障害者の社会的復権と福祉のための専門的・社会的活動を進めることが，ソーシャルワーカーおよび協会に求められたことによる。そのことを受けて，1985年にソーシャルワーカーの業務指針と業務内容の標準化の構築を目指して精神障害者福祉問題委員会が，1986年に倫理綱領制定委員会が設置された。

　精神障害者福祉問題委員会は，1987年に業務検討委員会に改組され，1987年にソーシャルワーカー業務統計全国調査を実施し，1988年に「精神科ソーシャルワーカー業務指針」を作成した。

　倫理綱領制定委員会では1987年に制定作業に着手し，原案を協会員に提示し意見をまとめ，1988年全国大会・総会（沖縄大会）において倫理綱領が採択された。

　さらに「Y問題」は，国家資格化の論議にも影響している。当時，会員のなかにはソーシャルワーカーの地位の保障がないなかで，患者の人権擁護機能を果たすことは被雇用者という立場ではむずかしいという意見が見られた。当時の谷中理事長（1977年から1982年まで協会理事長）から「Y問題等患者の人権をめぐる問題と資格制度の検討は二者択一ではなく，関連し合っている事柄である。資格制度を具体化する検討の中では，PSWの立場性が問われ，倫理性の確立も求められる。Y問題の継承と資格制度

の最大公約数として専門性の検討を当面の課題とする」との見解が表明されている。

現在，倫理綱領は改正されて継続され，業務指針も新たな検討がされて引き継がれているところである。さらに，「Y問題」は権利擁護委員会の活動に影響するとともに，研修を通して継承がされている。

4 「Y問題」を今研究するということ

「Y問題」について研究したいという思いは，かなり前からあり，いつか時間ができたらまとめていきたいという思いがあった。しかし，そのような思いとは裏腹に着手しないまま時だけが進んでいった。そうこうしている間に，当時活躍していた方々が，現役を退き話を聞くことができなくなるという状況から，とにかくスタートを切ることにした。

この問題にわたし自身運命的なものを感じるのは，Yさん自身がわたしとそれほど年齢が離れていないこと，「Y問題」に出てくる人物は，神奈川県内の精神保健福祉相談員として，上司であったり知り合いである人たちであったことである。

しかし，わたしが早い時期から「Y問題」に関心をもっていたかというとそうではない。保健所の精神保健福祉相談員になった当初，地元神奈川では，この問題はタブー視されていたのだと思われる。少なくともわたしの周囲では「Y問題」を語る人がいなかった。同じ地元で，同じ時代を生き，そして一方の当事者が，先輩などとして身近にいたにもかかわらず，その内容すら正確に知らないままにいた。ある程度正確に「Y問題」を捉えることができるようになったのは，精神保健福祉士が国家資格化され教科書にその記述がされるようになってからである。

関心をもつようになって，周囲の人に「Y問題」について話すことが多くなり，話をしたことによって貴重な資料をいただくことができた。また，インタビュー調査に協力していただく方々に出会うことができた。

「Y問題」でのインタビュー調査を実施して興味深いことがいくつかあ

った。その一つが,「Y問題」から40年という時間である。インタビューを受けてくれた方々は,今だから語れるというところで話していただけた部分が多いように感じた。これがもう少し前であれば,まだ語れないという反応であったと思う。一方で,40年という時間は,それぞれの記憶のなかに風化がおきていた。

　Yさんと母親が意見を述べた場面は,大会初日のシンポジウムであったが,2日目の総会の場面と誤解されている人もあった。また「Y問題」において,苦労した一人である当時の協会事務局長は,当時のことを大変な状況だったと記憶していなかった。本人が「無意識のうちに抑圧しているのかもしれない」と言ったように,ある部分の記憶が欠けているようであった。「Y問題」に関わった一部の人にとっては,トラウマになっているところもあると思う。インタビューに応じていただけなかった人のなかには,すでに過去のものになっていると言われた人もいるが,そのことばの真意は,「Y問題」で傷ついたということであると思う。

　多くの人が「Y問題」によって大きな衝撃を受け,そのことによってその後の人生さえ変えてもいる。なかでもYさんと母親が大会で訴えた場面は,多くの人が鮮烈な記憶として残っているようである。インタビューのなかで「時代の空気を感じ取りながら,会場のなかに意欲が感じられたんだよね。で,突然,彼を支える会の方から提起があって,その後彼本人から告発があったわけね」という発言があったように,その時のことを語る人が多かった。

　Yさんと母親が発言した場面に遭遇した若い参加者は,精神障害者が自分自身の問題を訴えるような時代になったかと受け止めたのに対して,ベテランの参加者は,援助している対象者から糾弾されたことに対する衝撃が大きかったようである。世代によって受け取り方が違ったようである。

　「Y問題」の本質は,権利侵害の問題であり,ソーシャルワーカーの専門性の問題であるといえる。権利侵害についていえば,本来,中立的立場である公務員が,さらに権利擁護の担い手であるべきソーシャルワーカー

が，当時の早期発見・早期治療という時代の雰囲気のなかで，重大な人権侵害に加担することになってしまったことは，決して過去のものではない。さらにソーシャルワーカーが合法的に業務を遂行していたとしても人権侵害につながる可能性があることを示唆し，現代に通じる課題といえるだろう。

　専門性については，「Y問題」が，それまでの力動精神医学の影響を受けた技術志向のソーシャルワークから，精神障害者の社会的復権といった価値志向のソーシャルワークに変化する一因となったといえる。ソーシャルワーカーの専門性として，2015年の厚生労働科学研究「精神保健福祉士の活動評価及び介入方法の開発と普及に関する研究」では，4つの力，すなわちアセスメント力，調整力，連携力，協働力の必要性を提示している。これらの力をもつことによって，「Y問題」に象徴される権利侵害に結びつく実践に関しては，その予防が図られることと思われる。

　「精神病というレッテルをつけられた者とその家族の苦悩はあまりに大きすぎる」というYさんの当時のコメントは，40年過ぎた現在にも通じるという現実を謙虚に受け止め，今後は，「Y問題」の歴史研究をさらに発展して，ソーシャルワーカーの専門性を深める研究を進めていきたい。

〈参考文献〉
日本精神保健福祉士協会50周年史編集委員会，2014，『日本精神保健福祉士協会50周年史』中央法規.
フレデリック・G・リーマー，2003，『ソーシャルワークの価値と倫理』中央法規.

ソーシャルワーカーの権利擁護研究

岩崎　香

1　Kさんのこと

病棟のソーシャルワーカー

　16年前の夏，わたしは3人の子どもの子育てと仕事に追われていた。都内でも5本の指に数えられる精神科病院でのキャリアは10年を過ぎ，入職時はわたしを含めて5名だったソーシャルワーカーは20名近くに増えていたが，例に漏れず，仕事は増える一方だった。
　精神科病院における各病棟の機能は近年多様化しているが，大きく分類すると，社会的な理由も含め入院が長期になり症状が慢性化した患者の多い慢性期病棟と，短い期間で退院していく急性期病棟がある。当時わたしが担当していたのは急性期の病棟で，平均在院日数が3カ月を切っており，入退院に追われる日々が続いていた。
　ベルトコンベアーに患者が乗せられて目の前を通りすぎていくというような感じで，そのなかで援助が必要だとアセスメントした人だけをピックアップして，退院に際して必要となる経済的な支援，家族との関係調整，社会資源の仲介を行い，地域に戻れるよう支援していくのである。さまざ

まな人と出会い，それを噛みしめる間もなく，次の出会いが訪れる……。そんな多忙ななかで，サービスを人に当てはめてはいけないと自分を戒めながらも，今思えばいつの間にか患者に社会資源を当てはめていくだけのブローカーのようになってしまったのかもしれない。

　その後，精神科デイケアに配属され，外来患者たちのリハビリテーションに関わるスタッフとして5年間働いたが，そうして長期に関わった利用者（メンバー）の名前や顔は今も鮮明に浮かんでくるのだが，急性期病棟で担当した患者の輪郭はぼやけたままである。そんな状況のなかで，忘れえないことが起こった。

「ワーカーは中立な立場じゃないのか」

　勤務先の病院が措置入院の当番で，その日の受け入れ病棟がわたしの担当病棟だった。現れたのは40歳代の身ぎれいな女性で，ずっと入院への不満を言いつづけていた。身元は明らかで，兄弟の居場所も容易に把握できた。Kさん（としておく）の何が問題なのかというと，働いていた会社を解雇され，その会社の重役の自宅に押しかけたところ，警察に通報された。そこで警官に暴力をふるったことが直接の原因で，措置入院になったというのである。これが初めてのことではなく，解雇を不当として何度もその重役の家に行き，迷惑行為を繰り返していたということであった。Kさんの言い分はというと，「知的財産の所有権をめぐる争い」ということになる。自分は約20年にわたり会社に勤務し，仕事をしてきた。そこで積みあげてきた知的所有権を侵害されたというのである。

　彼女の要求は際限がなかった。「紙と書くものを用意しろ」から始まり，職員に次から次へと買い物をさせ，施錠された個室にあれやこれやとものを持ちこむ。それを制限するか否かでスタッフの間でも論議がまきおこる。

　病院に慣れてくると，Kさんの主張はますますエスカレートした。「入院は不当である，そのことを訴える」というので，個室から出て病棟から弁護士などに電話できる環境を確保しなければならないが，「そこまでな

ぜ，この人にしてあげなきゃいけないのかしら？」「忙しいから，ワーカーが付き添って！」という声が病棟内であがり，えんえんと続く電話に，声が聞き取れない程度にちょっと離れた場所で待機することが数日続いた。

　Kさんは交渉がうまくいかないのか，日々苛立ちが募ってくる。繰り返される面接での内容は，入院への不満，入院生活への不満，会社を解雇されたことへの不満。何一つ良いことはない。入院への不満に関して述べ立てていた彼女に対して，「保育園の迎えがあるから，続きは明日にしてくれないか」と申し出たところ，それまでの訴えを否定されたと感じたのだろう，突然悲鳴のような大声で「ワーカーは中立な立場じゃないのか」と怒鳴られた。

　次の日もその次の日も，頭のなかを「ワーカーは中立な立場じゃないのか」という問いがグルグル踊る。相変わらず続く要求に応えながら，病棟からは「ワーカーはいいわね。私たちは24時間なのよ。甘やかすのはやめて」と言われ，さらに問いはグルグルまわる。Kさんの要求はたんなる欲求か，はたまた権利か，その判断は誰がするのか……。その問いは今もわたしのなかで繰り返し繰り返し壊れたレコーダーのように鳴りつづけている。

　少し落ち着いた状態の時のKさんはいたっておだやかな人である。保育園の時間のことをもちだしたことで記憶していたのだろうか。ある日，「子どもいるの？」と切りだしてきた。警戒しながらも「ええ」と答えた。「いいわね。わたしには何もない。仕事がなくなったら，結婚していない女には何もないのよ。身分を証明するものも何もない……」つねに人を罵倒することばを吐いているのに，その日はめずらしく弱気なことばが出た。「知的所有権をめぐる争い」というテーマの背景が少し見えた気がした。大学を出てすぐに就職したKさんは，何よりも会社のためにつくしてきたという思いがあるのだろう。積年の思いが，皮肉にも今回の入院のきっかけとなってしまった。

　措置入院は強制力をともなう入院であり，知事による行政処分である。

Kさんの主張の一つは措置入院という行政処分は自分にとって不利益であるし，納得できないので，取り消してほしいということであった。これまでにも多くの措置患者に関わってきたが，そういう主張をする人は初めてであった。

　医療サイドから見ると，知的財産を会社に奪われたという妄想から，解雇した会社を逆恨みして役員宅に押しかけた統合失調症の患者ということになる。しかし，直接強制入院となった理由は，通報を受けて駆けつけた警官への暴力となっており，これまでその上司に何か危害を加えたわけではない。

　しかし，措置入院に対して不服を申し立てても，精神保健福祉法という法律に則って行われているかぎり，簡単にくつがえすことができるものでもない。彼女が電話した弁護士はことごとく依頼を拒否したようであった。そして最後は，戦いつづけるよりも早期の退院を目指したほうがKさんの利益になるのではないかという助言を受け入れるかたちで，措置入院が解除されると一人で病院を退院していった。

　Kさんは去り，わたしには彼女の問いかけだけが残された。「ワーカーは中立な立場じゃないのか」と。それまでのわたしは中立どころか，ワーカーは患者の側に立っていると思って仕事をしてきた。しかし，それは患者と病棟や他職種が深刻な対立をする場面が生じないように，うまく立ちまわってきただけのことなのかもしれないと感じられた。そうしたKさんとの関わりがわたしを研究へと誘ったことになる。

2　ソーシャルワークと人権

現場から研究の世界へ

　細かい動機を書きつづれば，ほかにもある。叔母が聴覚障害者だったことや，学生時代のびわこ学園，あさやけ作業所での実習，大学院における恩師や仲間たちとの出会いなど，さまざまな偶然が今のわたしを構築している。Kさんとの出会いもたんなる偶然の出来事である。しかし，人との

偶然の出会いが偶然とは思えないほど重要なものとなったとき，人はそれを必然だと思うのではないだろうか。

さまざまな偶然の重なり合いによって導かれ，わたしにとって「ソーシャルワーカーがクライエントの人権を擁護する」ということがどういうことなのかを解き明かし，可視化することが新たな人生の目標となっていった。

しかしながら，一つの区切りからもう一度歩みはじめたつもりで進学してみたものの，現実には仕事と家事，育児，そして学業の狭間でもがいている状況であった。保育園児を抱えてどんな日常を送っていたのか，今では記憶も定かではないが，「思い込み」というのは時に大きな力を発揮するものである。たぶん偶然だったかもしれない出来事のいくつかを織りあげて，精神障害者の人権とソーシャルワークの関係性を明らかにするということを自分の使命のように感じ，モチベーションを維持していた。

大学院を修了した2000年，大学の非常勤講師を依頼された。精神保健福祉士の国家資格化から間もない時期であり，精神保健福祉領域の教員採用のバブル期でもあった。そこで出会った女子学生たちはとても好奇心旺盛で，教えたことを素直に吸収してくれた。そして，自分が実践し，研究していることを誰かに伝えるということのむずかしさと面白さを教えてくれた。

同時期に，勤務先の病院にも大きな変化が起きていた。大学院に進学する前から，一人ひとりにていねいに関わることの限界を感じていたが，急性期中心の医療へとさらに加速する方針が出された。全国的にみると，多くの精神科病院が長期在院者を抱えながら今後の方向を見定めようとしていた時期に，いち早く新たなステージに上りはじめたのである。

急性期病院にもソーシャルワーカーは必要である。しかし，たんなるブローカーになってしまうリスクがますます高まり，ソーシャルワーカーはいるがそこにソーシャルワークはない，という状況に陥りはしないだろうか……，という不安にとらわれた。これからは地域の時代なのではないか……，そういう思いもあった。

病院の転機はわたし自身の転機でもあった。2002年4月から大学の専任教員として勤めることになった。そこはもともと医学系の強い大学で，時代の流れから精神保健福祉士の養成を始めることを決断したようであった。

　そこに身をおくということは同時に，実践者から研究者への転身であり，研究と教育という使命を否が応でも実感することになった。そして，研究ということを突きつめて考えた時，やはり障害者の人権を擁護するわたしたちの実践をつまびらかにすることが自分にできる貢献なのではないかと考えた。

いかに人権を擁護する機能を明確化するか
　権利の問題は日常のなかにある。精神障害をもつ人たちの場合，支援者にも当事者にも，権利に関わる問題が発見されないまま見すごされてしまうことが多い。現象としてはたしかに存在するのに，顕在化させることができないのである。顕在化しないものは，病院や施設といった機関のなかでは存在しないことになってしまう。ソーシャルワーカーの日常的な実践も，ワーカー自身が意識化できていないために，人権へのアプローチとして明示されない場合が多い。結果として人権を擁護する機能を果たしているのに，意識化されていない現状があるのである。それを可視化し，人権を擁護する機能として明確化すること，そして，それらの機能を整理し，人権を擁護する実践モデルとして提示することがわたしの課題となった。

　それを実現するために最適な方法論とは何か……。悩んだ。

　ソーシャルワークがクライエントの人権を擁護する機能をもつことは，実践者たちのなかでは経験的に語られてはいたが，それを具体的に示す根拠となるようなデータを集めて分析し，記述することが求められていた。質的研究法と一言でいっても，その手法の確かさに疑問を感じるものが多かった。自分自身がその方法論に信頼をおいて使いこなすことができるかどうかが重要な要素であった。

　考えあぐねた結果，グループインタビュー法が最後に残った。グループ

インタビューとは，4～10名程度で構成されるグループの参加者間の相互作用を活用し，特定のテーマについて多様な意見を抽出する方法である。1920年代からマーケティングなどの分野で使用されてきた手法で，日本では瀬畠克之，安梅勅江らによってその方法論が紹介され，福祉分野でも質的研究の一つとして認識が高まっていた[1]。

グループインタビューは，インタビュアーと参加者，あるいは参加者間のグループダイナミクスを活用するところに特徴がある。他の参加者の発言に触発されて，個別インタビューでは期待できない新しい考えや多様なアイディアが期待できる。問われている事柄に関する場面がリアルに想起されるような環境をつくりやすいこともグループインタビューの特徴として指摘されており[2]，複数の参加者によって場が構成されるために，極端な意見や感情表出が抑制されるというメリットもある[3]。

そして，わたしが何よりもこの方法に惹かれたのは，インタビューという手法をとりながら，対象となるソーシャルワーカーたちに多くの気づきを得てもらえるという点だった。研究者としてデータを得るだけでなく，グループインタビューを通じて，現場のソーシャルワーカーたちに自らの実践を検証する場を提供できるということがとても重要なことだと考えたのである。

3 人権を擁護するソーシャルワーカーの実践過程

ソーシャルワーカーの7つの人権擁護機能

権利の問題は日常的なことがらであるにもかかわらず，医療機関や福祉

---

1) 瀬畠克之・杉澤廉晴・大滝純司・前沢政次，2001，「質的研究の背景と課題―研究手法としての妥当性をめぐって―」『日本公衆衛生雑誌』48（5）：339-343．安梅勅江，2001，『ヒューマン・サービスにおけるグループインタビュー法―科学的根拠に基づく質的研究法の展開―』医歯薬出版．
2) 梅澤伸嘉，1981，『グループインタビュー調査―実施と分析の技術―』ダイヤモンド社，p.28-29．
3) Vaughn S., Schumm J. S., Sinagub, J., 1996, Focus Group Interviews in Education and Psychology, Sage Publications.

施設といった閉塞的な環境や支援者との二者関係のなかでは顕在化しにくい。法的に人権が保障されているということと，実態として保障されていることには大きな隔たりがある。

　研究のとっかかりとして，多様化するニーズや変化する法制度のなかで，ソーシャルワーカーが人権の擁護に関わる機能・役割の分析を試みた。

　先行研究と第一次調査における病院ソーシャルワーカーへの個別インタビューから6つの機能が抽出された。発見機能，情報提供機能，代弁・代行機能，調整機能，教育・啓発機能，ネットワーキングである。

　次に，グループインタビュー（ソーシャルワーカー51名，9グループ）を実施し，この6つの機能を投げかけた結果，ソーシャル・アクション（社会への働きかけ）を加えた7つの機能として収斂することができた。

　発見機能は，その指し示す内容がニーズアセスメントであることが明確化し，ニーズを具体的な実践課題へと結びつけていく入り口の機能として位置づけた。情報提供機能は，個別の価値によりそいながら，そのニーズに応じて情報を提供する機能であり，アクセス権の保障，情報の取り扱いに関する倫理を含むものである。代弁・代行機能は，人権を擁護するソーシャルワークの中核的機能で，クライエントの主張を支援する機能だといえる。調整機能とは，機関内外の人的・物的資源を活用し，クライエントのニーズに添う状況を創り出す機能だと位置づけられる。教育・啓発機能は，ソーシャルワーカー，クライエント，家族，機関内の専門職種，地域の関係機関や市民，ボランティアなど，多様な対象に対して障害の理解を求める機能である。ネットワーキングは，ソーシャルワーカーが所属する機関の内外を取り結んでいく機能として位置づけた。

　さらに，二次調査では，調査対象に地域のソーシャルワーカーを含んだことから，ソーシャル・アクション機能を加えることとなった。ソーシャル・アクションは，社会資源の開発や社会変革に関わる機能であり，またそれ自体がプロセスをもった援助技術でもある。

　抽出された7つの人権擁護機能が発揮される実践プロセスをひとつの

モデルとして提示し，障害当事者3グループ（17名）を対象としたグループインタビューにて，追認することができた。

教育・啓発機能の発揮

　こうした多様な機能を駆使することによって体現される人権を擁護する実践は，個人やグループを対象とした支援における直接的なあるいは間接的な教育・啓発活動につながる。その展開プロセスは実践現場では意識化されていない場合も多いが，個人やグループという対象を越えて，組織や地域，社会を対象とした教育・啓発へとつながっている，と考えられる。つまり，教育・啓発機能は，ミクロ領域とマクロ領域（メゾ領域を含む）を双方向に行きかう機能であり，人権を擁護する個別の実践が，周囲に対して説得力をもった時，それはおのずと教育・啓発という機能を発揮する。それは逆もまた然りであり，マクロ領域での人権を擁護する機能の発揮もまた，そこに関わる人たちを教育・啓発することにつながる。その循環が，ソーシャルワークの基盤といわれるアドボカシー機能を育んでいくのである。

　ソーシャルワーカーの人権を擁護する機能が発揮される実践にはプロセスがある。クライエントのニーズを中心にそのプロセスが展開される時，クライエント自身の参加が促され，最終的にはセルフ・アドボカシーの発展に寄与すると考えられる。

　研究に協力してくれたある事業所を利用している障害当事者の声を拾ってみると，ソーシャルワーカーは「ちょっと広めの器を用意して，可能性を引き出してくれる」，さらに「自分で乗り越える力をつける」支援をしてくれるという。そして，自分たちの事業所での実践が「だいたい名がとおるぐらいまで自然な形で（町に）浸透して」おり，そこに自分たちが参加し，貢献しているということを自信をもって語ってくれた。個別ニーズから出発した実践が，ソーシャル・インクルージョンを志向するマクロな生活ニーズに結びつき，相互に影響を与え合うことによって効果を発揮する。人権を擁護するソーシャルワーク機能は，ニーズを中心として展開さ

れるプロセスのなかに位置づけられており，さらにそこで強調されるのは，クライエントの生活上の権利を支援するという目的と，そのプロセスへのクライエント自身の参加，そしてそこに関わる人々のエンパワーメントなのである[4]。

4　現場に貢献できる研究とは

　研究が研究のための研究に終わらないこと，それはヒューマンサービス領域で研究を行っている誰もが心しなければならないことであろう。わたしが精神科病院に入職したころは精神保健福祉士の国家資格もなく，精神保健福祉領域の研究者も数えるほどしかいなかった。また，「研究」という響きがクライエントやワーカーをモルモットにするかのようなイメージがあり，強い心理的抵抗を感じていたように思う。

　国家資格化がなされ，「現場出身の研究者」はまたたく間に増殖した。しかし，今もって社会福祉における理論と実践の乖離は解消したとは思われない。実践経験のある研究者は増加したが，これから問われてくるのは，現場に貢献できる研究とは何かということである。現場経験があるわたしたちこそが学問と実践の距離を縮め，つないでいく必要がある。

　わたしは大学の専任教員になると同時に，東京都内にある社会福祉法人の非常勤職員として働きはじめた。大学卒業後に地域の作業所の職員になることを考えていたが，長いまわり道の結果，今，地域をフィールドとしたソーシャルワーカーとして働きつづけている。そしてそこをフィールドにした調査・研究も現場の協力を得ながら行えるようになってきており，実践と研究の循環を実践したいという思いが少し実現にむけて動き出した。実践からの問いにより研究に足を踏みいれたが，今度は研究という足場から現場に働きかけはじめているということである。当事者とも一緒に研究を始めており，研究を通じた現場への貢献の可能性が拓けていくこと

4）岩崎香，2011，『人権を擁護するソーシャルワーカーの役割と機能―精神保健福祉領域における実践過程を通して―』中央法規.

を楽しみに感じている。

〈参考文献〉

安梅勅江，2001，『ヒューマンサービスにおけるグループインタビュー法―科学的根拠に基づく質的研究法の展開―』医歯薬出版．

糸賀一雄，1967，『福祉の思想』NHK 出版．

柏木昭編著，2002，『新精神医学ソーシャルワーク』岩崎美術出版社．

結び　社会福祉の実践と研究の狭間で

岩崎　香

1　実践者であり，研究者であること

　社会福祉研究の政策論と方法論の対立構造については従前から指摘されている通りであり，理論と実践の循環が有機的なものにならないのは，研究者と実践者の隔たりによるものだと考えられてきた。
　社会福祉領域の国家資格の誕生により，社会福祉は日本の高等教育のなかに確固たる位置づけを得，大学院教育が進められるなかで，実践者が研究者となる道も拓かれた。本書に関わった人たちのほとんどが実践者であり研究者でもある。そうした立ち位置からそれぞれが試みてきたことが本書の核になっている。実践と研究，双方に身を置いてきたわたしたちは，どこに向かおうとしているのだろうか。

2　社会福祉における「論」と実際

　長年，ソーシャルワークは，定義の明確な概念や的確な専門用語をもたないために，他領域との関係性が不明瞭であると指摘されてきた。ソーシ

ャルワークは個人の内と外をつなぎ，統合をはかっていく柔軟性に富んだ手法であるが，その独自性の実証に大きな困難をともなってきたのである。

　そこで，「エビデンス・ベースド・プラクティス（Evidence based practice）」，科学的根拠にもとづいた実践ということが叫ばれ，実践効果の客観的な指標を打ち立てるべく，量的リサーチ，効果測定スケールの開発なども多く行われ，現在の社会福祉学に大きく貢献している。しかし，それらの試みは，実践現場のリアリティを十分に伝えきれないもどかしさをともなうという矛盾した状況を生んでもいる。

　量的研究への懐疑は，昨今の現象学や社会構成主義などの影響を受けた質的研究の隆盛のなかに見ることができる。経験を重視し，経験のなかに知の基本構造そのものが備わっているとする現象学の理論は，実践現場で展開されるソーシャルワークのダイナミズムを体験しているソーシャルワーカーにとって，なじみやすいものである。しかし，個別の現象を取り上げて現象を描こうとすれば，個を取り巻く環境の影響をぬぐいさることができないことから，結果としてその輪郭がぼやけてしまう可能性があることに気がつく。これは一例であるが，質的研究法を活用して何らかの結論にたどりつこうとする際に，方法・手順が客観性をもちえるのか，結果が汎化できるのかという疑問の声も聞かれる。

　社会福祉は現代社会の歪みの部分にアプローチする学問でもあり，平準化しようとする政策と個の幸福を追求しようとする実践が矛盾に満ちたものとならざるをえないのは研究だけでなく，社会福祉という領域のもつ宿命のようにも感じられる。

3　循環への呼応

　本書の編集プロセスを通して，それぞれが実践と研究にどう向き合ってきたのかということをあらためて識る機会を得た。そのなかで感じたのは，そのプロセスはこれまで自身が実践，あるいは経験してきたことを実

証するということを通した「正当化の試み」だったのではないかということである。とくに実践者から教育現場に身を移した人たちは，実践を正当化するということだけではなく，現在の自分の立ち位置を示すためにも通過しなければならない関門だったのではないかと思う。結果として多くのフィールドが研究のために提供され，大学院教育を受けた人が実践現場の人たちにとって身近な存在となったことは大きな意義がある。

　研究は日々繰り返されている現象をその目的にそって切り出す作業であり，切り出し方もさまざまである。研究を山登りにたとえた例は多くあるが，わたしは山の木を伐り出し，家を建てる感覚に近いと感じている。山が社会福祉の実践現場だとして，その山のどの部分をどのくらいどういう種類の材木を伐り出すとどんな製材ができ，どこにどのような建物を建てようとするのか……といった一連のイメージである。研究者には実践を一度遠くの山として見るような「客体化」が求められる。協力する側は伐り出す過程に参加し，研究者が創り出そうとするものについてフィードバックを与えること，研究成果を活用することを通して，実践と研究の循環に関わっているのである。

4　新たな時代に求められる循環

　「措置」から「契約」へという社会福祉基礎構造改革の流れは，現場にも大きな影響を与えた。実施主体が市町村となり，市町村の社会福祉に関わる計画も数値目標が具体的に示されるようになった。介護保険法，障害者自立支援法の施行は，サービスを提供する事業所に大きな変化をもたらし，行政との折衝，計画などへの参加は身近なこととして行われるようになっている。地域の実践者たちももはや，個別の支援だけにとどまっているわけにはいかない状況に身を置いている。研究者も学識経験者という枠組みで行政への協力を求められており，「研究」と対立する「実践」の時代は終わりを告げようとしているのである。

　20年ほど前，わたしが研究らしきものを始めた頃，現場の反応は冷や

やかだった。しかし，現在，手を携えてくれる人は確実に増えている。

石川到覚が提唱した「社会福祉実践の協働循環モデル」は通称「三輪モデル」と呼ばれているが，「市民性を土台に据え，①当事者性を発揮するセルフヘルプ・グループ・メンバー，②素人性を活かすボランティア，③専門性を有するソーシャルワーカーという3つの特性を有する人びとのトライアングル間での交互作用を高める関係力により，そこでの協働の実践を循環させることである」と定義されている。

序で紹介されているこの理論が発表されてから20年以上の歳月が流れているが，それぞれがお互いの立場性を超え，新たなコミュニティの創造に向かっていくということの意味がようやく最近になって，実感をもって感じられる時代を迎えた。そこで果たすべき自分たちの役割は何だろうか。

5　主体的に自覚される義務

研究者が自らの立ち位置を明確にし，その正当性を担保しようとする近道は，取り上げる課題を矮小化し，細かく切り刻むことでオリジナリティを確立しようとすることである。あえて言えば「木を見て山を見ない」姿勢と言えるだろう。しかし，社会福祉領域の研究は果たしてそれでいいのかというと，もちろんそうではない。研究だけではなく，実践も含めてのことであるが，自分が掲げたテーマを追求していけば，おのずと自分が取り組んでいることが大きな循環のなかのひとコマであることに気がつく。わたしたちの実践や研究の真価を問われるのはこれからだと言える。

ここ数年わたしは「内発的義務」ということばをよく使用している。このことばをわたしが知ったのは，最首悟氏の著書においてである[1]。とくに東日本大震災後，そのことばの意味をいっそう噛みしめることとなった。「内発的」ということばと「義務」という相反することばが重ねられ

1）最首悟，1998，『星子が居る―言葉なく語りかける重複障害の娘との20年―』世織書房．

ているが，震災の報道がずっとテレビなどで流れていた時，国民の多くが強要されているわけではないのに「自分にできることがあるならば，何かしなければ……」と感じたのではないだろうか。わたしの理解では，それがまさに「内発的義務」の発露である。

　個人主義が勘違いされていた時代には，余計なお世話をしないことが近代化であるかのような錯覚に陥っていたが，主体的にコミュニティへの義務や責任を果たすことが，今，求められているように思う。それは安上がりな労働力として働くことではなく，また，たんに理想を繰り返し述べることでもない。実践家も研究者も自分の立ち位置をふまえ，情熱と使命感をもってコミュニティに関わるということだと思う。果てしない道のりのようにも感じられるが，大きな循環のなかにあえて身を投じれば，そこから見えてくるものが新たな実践や研究に向かわせてくれるのではないだろうか。

あとがき

　本書の執筆メンバーは，大正大学大学院の修士課程および博士課程において，石川到覚先生に指導を受けた者と同僚の教員である。大正大学大学院では，もともと大学院生のネットワークを大切にしており，院生の関係が密といえるが，そのなかでもとりわけ，石川先生のゼミに出席した者の連帯感は強い。

　それは，石川先生の社会福祉実践と研究に関する深い見識と洞察力，それにもとづく研究・指導力とともに，先生の実践と研究に対する真摯な姿勢と人柄に，皆が魅かれてきているからである。たんに研究方法のノウハウを学ぶということではなく，先生の社会福祉実践と研究に対する想いに共感しているのである。同僚の教員も同様であろう。

　また執筆メンバーは，修士論文および博士論文の作成で，生みの苦しみを味わったという共通体験をもっている。本書の編者らが在籍していた時期には，その苦しみを「どつぼ」という言葉で言いあらわしていた。それだけ，院生時代は研究を進めるなかで，全員が悩み，壁にぶちあたり，「どつぼ」に陥る経験を共有していた。

　こうした共通点をもった石川ゼミ生は，論文完成後も石川先生と離れがたく，また研究を通して築き上げてきた関係性を継続させるべく研究会を組織した。研究会には，石川先生の同僚教員も参加され，大学院の在籍時期を問わずにメンバーが口コミで広がった。こうして全国各地の大学や実践現場に勤務先をもつ新旧の石川ゼミ生や同僚教員による研究会ができあがったのである。ただ，明確な目的をもたないままでは，会の継続性が確保されないと考え，研究の成果を出版するということで研究会をスタートした。

　当初は，大学生や大学院生，これから社会福祉領域で研究をしたいと考

える実践者に役立つ内容にしようということで，各自の研究や実践の歩みを振り返りつつ，そのなかから研究や実践のエキスのようなものを伝えるものを想定していた。

しかし，合宿も含めて研究会の回数を重ねてもなかなか成果物としての出版に至らない状態が続き，石川先生の定年の時期を迎えることとなった。定年後も研究会は継続されるが，やはりこの機会に，石川先生の薫陶を受けてきた者たちで，先生の教えを世に送り出したいと考えた。その教えとは，石川先生が常日頃から言われていた「実践と研究の協働循環」ということではないか，それを基軸にした出版物を刊行しようということでメンバーの考えが一致した。

こうして研究会のメンバーが「実践と研究の協働循環」という視点で，それぞれの実践や研究を振り返りつつ，紆余曲折しながら，完成したのが本書である。

それぞれの論者の文には，ことばでは語り切れない社会福祉領域における実践と研究に関する想い，願い，望み，期待が含まれている。読者の皆様が，そうした想いを受け取ってくださり，社会福祉の実践と研究へ関わることへの意欲につながることができたとしたら，望外の喜びである。

最後になったが，執筆者を代表して，石川到覚先生の学恩に対して，あらためて心からの感謝と御礼を申し上げる。

2015年2月4日

北 本 佳 子

執筆者一覧

■監修
石川到覚（いしかわ・とうがく）　大正大学大学院人間学研究科特任教授

■編著者
岩崎　香（いわさき・かおり）　早稲田大学人間科学学術院准教授
北本佳子（きたもと・けいこ）　昭和女子大学人間社会学部教授

■執筆者（掲載順）
岩本　操（いわもと・みさお）　武蔵野大学人間科学部教授
岩上洋一（いわがみ・よういち）　特定非営利活動法人じりつ代表理事
廣江　仁（ひろえ・じん）　社会福祉法人養和会障害福祉サービス事業所
　　　　　　　　　　　　　　　Ｆ＆Ｙ境港施設長
淺沼太郎（あさぬま・たろう）　大正大学人間学部非常勤講師
吉野比呂子（よしの・ひろこ）　大正大学人間学部非常勤講師
金田寿世（かねだ・ひさよ）　浅草寺福祉会館
渡邊智明（わたなべ・ちあき）　浅草寺福祉会館
鈴木裕介（すずき・ゆうすけ）　高知県立大学社会福祉学部助教
坂本智代枝（さかもと・ちよえ）　大正大学人間学部教授
相川章子（あいかわ・あやこ）　聖学院大学人間福祉学部教授
石田賢哉（いしだ・けんや）　青森県立保健大学健康科学部講師
鈴木孝典（すずき・たかのり）　高知県立大学社会福祉学部准教授
伊東秀幸（いとう・ひでゆき）　田園調布学園大学人間福祉学部教授

〈社会福祉〉実践と研究への新たな挑戦

2015年3月15日　第1版第1刷発行

監　修＝石川到覚
編　著＝岩崎　香，北本佳子
発行者＝株式会社　新　泉　社
　　　　東京都文京区本郷2-5-12
　　　　TEL 03 (3815) 1662／FAX 03 (3815) 1422
　　　　印刷・製本／萩原印刷株式会社

ISBN978-4-7877-1503-6　C1036

―――――――
新泉社の本

ナラティヴ・ソーシャルワーク
"〈支援〉しない支援"の方法

荒井浩道著

A5判184頁／1800円＋税

子育て支援 制度と現場
よりよい支援への社会学的考察

白井千晶・岡本晶子編著

A5判288頁／2500円＋税

子育て支援の社会学
社会化のジレンマと家族の変容

松木洋人著

四六判上製276頁／2500円＋税

概念としての家族
家族社会学のニッチと構築主義

木戸 功著

四六判上製260頁／2200円＋税

妻たちの介護
在宅介護で孤立しないために

中村和仁著

四六判264頁／1700円＋税

男の介護
認知症介護で困っているあなたに

中村和仁著

四六判240頁／1600円＋税